選擇背後的真相

呂冠霖◎著

原書名：選A還是選B

前言

法國哲學大師沙特說過：「人有選擇的自由，但是人沒有不選擇的自由。」這位大師告訴我們這樣一個真理：人生處處有選擇。什麼是選擇呢？簡單地說，選擇就是為自己定位，進而尋找前進的方向，把握人生的命運，實現自己的人生目標。人生是一條布滿荊棘的道路，每一個路口都會面臨抉擇，像是選擇什麼樣的學校，什麼樣的科系，什麼樣的事業，什麼樣的情人，什麼樣的朋友，什麼樣的生活方式等等。

對於選擇，我國古代偉大的思想家、教育家孟子也有一段很精彩的論述：「魚，我所欲也；熊掌，亦我所欲也；二者不可得兼，捨魚而取熊掌也。」在這裡，孟子用比喻的方式，表達了要做出「捨生而取義也」的壯烈選擇。選擇熊掌，就要放棄魚；選擇事業，就要放棄休閒娛樂；選擇愛情，就要放棄金錢的誘惑；選擇真理，就要放棄利祿，乃至生命。

在人生的所有因素中，沒有一種因素能像選擇那樣會起決定性的作用。可以說，任何一種選擇都會影響到自己人生中未來的道路。「天道酬勤」是國人的信條，可是在現實生活中，許多人的勤奮並未換來成功，究其原因，沒能做出正確的人生選擇是無法迴避的因素。所以說，成功者與失敗者之間的差別，並不僅僅是努力工作的程度或是夠不夠聰明，而在於其是否「會」選擇。

微軟公司的創始人比爾．蓋茲在談到他的成功經驗之時說：我的成功在於我的選擇。如果說有什麼祕密的話，那麼就是兩個字——「選擇」。不懂如何選擇的人，永遠不會成功，再怎麼努力也終究一輩子吃苦！什麼樣的選擇就會有什麼樣的結果，選擇的方向直接關係到事業的成敗和人生的價值的實現。只有正確的、理智的選擇才能引導我們走向成功的路。

人生如卦，選擇註定結果。但對一個人來說，要做出正確的選擇又是如此困難：變數太大、誘惑太多、難度太強……那麼，我們應該怎樣才能做出正確的選擇呢？

《易經》是中國文化最古老、最神祕的經典著作，被世人推崇為「群經之首」。它蘊含著豐富的哲理、事理和物理。《易經》的精華就是六十四卦，也就是宇宙間的六十四個大智慧。而我們的人生，無論是哪一方面，都在這六十四卦之中，都受這六十四個大智慧的指導。本書即結合易經六十四卦的道理，從如何選擇自己的人生、如何選擇自己的職業、如何選擇自己的朋友、如何選擇自己的另一半、如何選擇最好機會、如何選擇最佳方法等，多個方面來告訴我們在面對做事、做人、人生定位等重大問題時，怎樣做出理性、高效的選擇，進而能夠事半功倍，早日成就輝煌人生。

CONTENTS

三 選朋友——大畜，利貞。不家食，吉。利涉大川

四 選愛情——王假有家，交相愛也

CONTENTS

五 選機會——時止則止，時行則行

六 選方法——直、方、大、不習無不利

七 選放棄——射雉一矢亡，終以譽命

八 選錯了——震，亨。震來虩虩，笑言啞啞

一

選人生

——天行健，君子以自強不息

《易經》是一部中國最古老、最神祕的經典著作，它蘊含著豐富的哲理、事理和物理，能幫助我們撥開人生旅途中的迷霧和誤解，指導我們正確選擇自己的人生。乾卦中說：「天行健，君子以自強不息。」意思是說，天的運行永不停息，君子應當效法天的精神：自強不息。

我們每一個人也應該像天道一樣，選擇一個自強不息的人生。

為什麼有的人成功，有的人失敗——

己日乃革之，征吉，無咎

贏在選擇

《易經》革卦中說：「己日乃革之，征吉，無咎。」這是說，在從事變革之前，做事應該先進行醞釀、謀劃，一定要考慮周到，三思而後行，這樣才可能善始善終。人生的選擇也是一樣，一定要經過深思熟慮後再做決定。選對了，一生順利和成功；選錯了，一生曲折或失敗。

為什麼有的人能成功而有的人就失敗呢？為什麼百分之九十九的人，到了天命之年還要為生活而奔波？工作了幾十年，到最後還是什麼都沒有？比爾·蓋茲在談到他的成功經驗時說：我的成功在於我的選擇。如果說有什麼祕密的話，那麼還是那兩個字——「選擇」。

詹姆斯·布賴恩十七歲時，以優異的成績從大學畢業，並以學生代表在畢業典禮上進行演講。在這次名為「受過教育的美國人的責任」的演講中，布賴恩所表現出來的聰明睿智和濃厚的文學功底，令在場聽眾無不傾倒，都認為他日後必有一番作為。

畢業後，布賴恩先在一所軍校任數學教師三年，然後又在一所盲人學校任教兩年。在工作的過程中，布賴恩也時常會拿起筆，為報刊寫些文章，這讓他感到非常快樂，但對於將來到底要從事什麼工作，他自己心裡也不清楚。他想成為一名編輯，但始終沒有找到合適的機會。他很樂意教書，如果確實沒有其他的機會，他也願意一直教下去。

然而，機會最終還是出現了：緬因州奧古斯塔市有一位雜誌社老闆願意出售公司一半的股權。布賴恩得知這個消息後，認為這是一個千載難逢的好機會，於是很快便買下了這部分股權。之後的一切可以證明，這正是布賴恩通往未來成功生涯的一個轉捩點。

在布賴恩的主導下，這份名為《肯納貝克雜誌》表現出新的風格，由於其目光敏銳、切中時弊，很快便贏得了許多讀者的喜愛。同時，也把該州共和黨的注意力吸引了過來。不到兩年的時間，布賴恩就當上了緬因州共和黨的領袖，並成為一八五六年第一屆共和黨全國大會的代表。

在主導《肯納貝克雜誌》一年之後，布賴恩又接手了《波特蘭商訊》的編輯工作，這使他的影響力又滲入到了商業領域。二十八歲時，布賴恩成為緬因州議會議員，之後又連任數屆，其中還兩度擔任發言人。布賴恩做為緬因州代表，在國會眾議院一共工作了十四年，期間有六次擔任發言人。

後來，布賴恩又進入了國會參議院，一八七六年，他成為總統候選人，但可惜敗給了對手，沒能當上美國總統。一八八〇年，布賴恩競選總統時再次落敗，當上了國務卿。一八八四年，布賴恩第三次競選總統，但仍舊以失敗而告終。一八八八年，布賴恩又接受共和黨大會的總統候選人提名，但還是失敗了，他再度出任國務卿。

一八九三年，六十三歲的詹姆斯．布賴恩病逝於華盛頓。

其實成功者與失敗者之間的差別，並不僅僅是努力工作的程度或是夠不夠聰明，而在於一個人是否「會」選擇！不會選擇的人，永遠不會成功！可以這樣說，人生成敗，源於選擇。詹姆斯．布賴恩的成功就是歸功於他在青少年時代所做的那一個選擇，就是當初的選擇改變了他的命運，使他從教育界轉向了媒體，最後走入了政壇。如果沒有這次選擇，那麼他終其一生很可能也只是一位出色的教書先生。

有一位年輕人，終於找到了他人生的第一份工作，在一列三等火車上當司機助理。一個月以後，年輕人領到生平第一份薪水，他高興地不時將揣在懷裡的錢拿出來數一遍。

當他第五次將錢拿出來時，那位司機終於忍不住開口了：「小夥子，不要太得意！你以為你已經捧住了這個飯碗嗎？告訴你，你要經過兩、三個月的考驗才算通過試用期。再過個三年五載的，你才能當上一個正式司機，到那時你就可以真的眉開眼笑地數錢玩了。但現在，我還是建議你老老實實地去工作！」

聽完司機的一番數落，年輕人窘得滿臉通紅，再也沒心情把錢拿出來數了。一個剛踏入社會的年輕人，最怕的就是因為經驗不足而被人瞧不起，現在被人家平白無故地教訓一頓，他覺得很生氣，認為司機沒有權利這樣羞辱他。但細想，司機的話也有一定的道理。他進而又想：「難道我的理想只能是做一名司機嗎？如果是這樣，人生豈不是太平淡！」他以前從沒思考過這個問題，現在忽然覺得，這是一個很重要的問題。

他凝思半晌，把頭抬了起來，對還在嘮嘮叨叨的司機說：「你認為我的理想只是做一名普普通通的司機嗎？我現在告訴你，我將來要成為鐵路公司的總經理！」

聽完年輕人的話，司機不由得哈哈大笑，好不容易才停下來，喘著粗氣說：「老闆！我認為我不得不叫你老闆。你要是在我還沒有退休之前當上總經理，我求你不要把我開除了。」

年輕人沒有理會他的嘲諷，而是冷靜地說：「如果你老老實實的工作，我當然不會開除你。」

「哈哈，你不會開除我！但我現在要告訴你，笨蛋，馬上給我老老實實工作去！」

年輕人果然老老實實工作去了。從此，他便按總經理的標準嚴格要求自己，努力學習一個優秀總經理需要的各種素質。就這樣，年輕人一步步得到升遷。多年後，他終於如願以償，成為了馬利安鐵路公司的總經理。

在人生的所有因素中，儘管有很多因素會影響人的一生，但沒有任何一種因素能像選擇那樣起著決定性的作用。故事中那位年輕人的成功，正是因為他做出了正確的選擇，並為自己的選擇一直奮鬥。《易經》革卦中說：「己日乃革之，征吉，無咎。」即是說，在從事變革之前，做事應該先進行醞釀、謀劃，一定要考慮周到，三思而後行，這樣才可能善始善終。人生的選擇也是一樣，一定要經過深思熟慮後再做決定。選對了，一生順利和成功；選錯了，一生曲折或失敗。

我們許多人都很努力，或曾經努力過，可是為什麼大多數的人仍然只能過很平淡的生活？為什麼許多年過去了，依然兩手空空呢？其實，答案很簡單，那就是自己的選擇出了差錯。南轅北轍的故事大家都知道，男主角就是因為選擇了一個錯誤的方向，而使自己越努力，卻離目標越來越遠。在現在這個競爭越來越激烈的社會中，很多人都是意氣風發地選擇了一個行業，並意圖在此行業闖出一番成就來，可是他們很多人都忽略了一點，他們選擇的行業或者公司，是否適合自己的發展呢？他們往往只知道努力地奮鬥，卻沒有發現他們離自己的奮鬥目標越來越遠了。

美國前總統林肯，是美國歷史上有著極高聲譽的人，他特別重視「選擇」在人生中的重要作用。他曾說過：「所謂聰明的人，就在於他懂得如何去選擇。」一個聰明的選擇是明智者的詮釋，它可以決定一個人的事業和生活的成敗！如果我們想不平凡，如果我們想在激烈的現代社會競爭中脫穎而出，如果我們想實現自己的人生價值和夢想，那麼請記住決定我們一生的兩個字：選擇！

有什麼樣的選擇，便會有什麼樣的人生——

《易經》乾卦中說：「元，亨，利，貞。」元，寓意事物的起始或基礎；亨，寓意事物的生長和壯大；利，寓意事物的創造與收穫；貞，寓意事物的趨正與靜止，發展「過程」的結束。對一個人來說，只要在開始選對了自己的人生之路，就一定會結出成功的果實，直至名利雙收。

美國詩人佛羅斯特曾寫過一首詩，題為〈未選擇的路〉。大意是，在黃昏的樹林裡分出了兩條路，我選擇了其中一條，留下另一條改日再走。可是我知道無論哪一條路都綿延無盡頭，一旦選定就不能返回，從此決定一生的道路。這首詩告訴我們，造就理想的人生，離不開智慧的選擇。我們有什麼樣的選擇，便會有什麼樣的人生。

有一位生活貧寒的文學愛好者，他的一篇文章偶然被當地一家雜誌發表後，又被國外一家很有影響力的雜誌轉載，因此他從一個默默無聞的人變成了當地雜誌社的臨時編輯。他十分珍惜這得之不易的機會，每天努力工作，不久被推薦到某個大城市學習。去之前，有人悄悄找到他，跟他說總編看上他了，希望把自己的女兒嫁給他，只要他答應，就可以將他轉為雜誌社的正式員工。

對於總編的女兒，他雖然只見過一次，但是關於她的故事卻早有耳聞，她曾跟一個有婦之夫搞婚外情，一時鬧得滿城風雨，至今快三十歲了還未找到婆家。現在他面前只有兩條路可以走：一是做總編的乘龍快婿，轉為正式員工；一是離開雜誌社，另尋他路。

他拒絕了總編的要求，因為他不可能與那樣的女人結婚。果然，不出兩個星期，他便被雜誌社辭退，去大城市學習的機會也因此事而付諸流水。後來在他人的一再勸說下，總編才勉強同意讓他繼續去學習，但條件是他必須承擔自己學習的費用，並寫出深刻檢討。

學習結束後，他留在了那個城市，因為他知道即使自己回到原來的地方，也沒有人會再錄用他。剛開始的日子非常艱苦，他經常有一頓沒一頓地挨餓，租的那間房子其實是人家蓋的豬棚，豬死了，就租給一些像他那樣沒錢又沒工作的人。他就窩在那樣的棚子裡寫出了好幾篇小說。但小說稿費給的很少，幾乎不能維持日常開銷。為躲避房東追討房租，他常常在外頭晃到半夜才敢回去。

後來他結識了一家經濟報的編輯，這位編輯知道他的困境後，約他為一家出版社編寫一本資料，稿費是五十元/千字，後來又為那位編輯編寫了幾本書。直到有一次，他得知出版社給那個編輯的稿酬是八十元/千字時，便有一種受騙上當之感。

為這件事，他整整想了一天，最後決定自己和出版社直接聯繫。他成立了一個組稿中心，專門為幾家出版社籌劃暢銷書稿，最後乾脆註冊了一家文化公司。經過幾年的發展，他終於住進了令人羨慕的大房子，娶了一個年輕嬌麗的妻子，開上了名車。

他經常語重心長地對他的員工說：「人生就是不斷選擇的過程，儘管這種選擇會讓你失去一些機會和珍貴而美好的東西，但最後你會體現自己真正的價值。」

故事中的那位作者的確令人欽佩，在總編想將自己的女兒嫁給他，而以工作利誘時，他沒有為保住自己得來不易的飯碗而選擇妥協。恰恰相反，他為自己選擇了一條自強不息的人生之路，並最終取得了成功。想當初，如果他屈服娶了那位總編的女兒，那麼他很可能還在別人的蔭護下苟且偷生。

《易經》乾卦中說：「元，亨，利，貞。」元，寓意事物的起始或基礎；亨，寓意事物的生長和壯大；利，寓意事物的創造與收穫；貞，寓意事物的趨正與靜止，發展「過程」的結束。對一個人來說，只要在開始選對了自己的人生之路，就一定會結出成功的果實，直至名利雙收。

有一位美國人、一位法國人和一位猶太人，他們因觸犯了當地刑法要被拘禁3年，執行長答應在拘禁的日子裡滿足他們一人一個要求。

美國人比較實際，他覺得，只要有雪茄就能度過這漫長的日子，於是他要了足夠度過拘禁日期的雪茄。法國人天生浪漫，生命中只要有愛情任何日子都能過去，所以他要了一個美麗的女子相伴。而那位猶太人卻要了一部能與外界聯繫的電腦。

拘禁結束後，第一個衝出來的是美國人，只見他嘴巴裡、鼻孔裡塞滿了雪茄，大聲嚷嚷：「給我火柴，快給我火柴！」原來當他看到整箱整箱的雪茄時，一時高興而忘記要火柴了。

隨後走出來的是法國人。只見他面帶微笑，懷裡抱著個孩子，不時的親吻一下身邊那個美麗女子。美麗女子的肚子高高凸起，手裡還牽著一個蹦蹦跳跳的孩子。

最後走出來的是猶太人，他緊緊握住執行長的手說：「這三年來，我每天與外界聯繫，生意不但沒有受到影響，反而因為我的消息靈通而取得了更好的收益，謝謝你給我的電腦。」接著他指著旁邊停著的一輛名車對執行長說：「為了表示我深切的謝意，這輛勞斯萊斯就送給你了。」

從這個小故事我們可以看出，不同的選擇會演繹不同的人生，造就不同的人生結果。人的一生，只有一件事不能選擇——那就是自己的出身。其他一切命運，都是自己選擇的結果。可以說，我們今天的生活方式和生活環境，是由於以前我們的選擇；而今天我們的選擇，也必將影響我們以後的生活模式。在如今這個精彩而複雜的社會裡，無論是成功者還是失敗者，他們之間最重要的區別就是對人生之路選擇的差別。選擇對了，就能帶來財富，享受成功；選擇錯了，則會貧苦一生，難逃失敗。

我們可以設想一下，如果當年司馬遷遭受宮刑後不是選擇屈辱生存，那麼，世界上恐怕就少了一位歷史學家；如果當年魯迅不選擇棄醫從文，就不會留下如此多令人激昂的文章；如果貝多芬不選擇音樂之路，也不會為後世留下這麼多不朽的旋律；如果比爾．蓋茲不選擇棄學經商，他也就很難成為一位億萬富翁……。

選擇，聽起來很簡單，但要以實際行動來做出選擇，尤其是當我們面對人生重大選擇的關鍵時刻，需要極大的決心與意志。因為人生只有一次，也許只因某次選擇，就足以影響我們漫漫的一生。所以，當我們面臨選擇的時候，一定要小心謹慎，要結合自身素質和條件、興趣和特長，去選擇自己的人生目標，走出一條適合自己的人生之路。

向左走？向右走？——

素履，往無咎

《易經》履卦中說：「素履，往無咎。」意即採取行動的時候，按照自己的初衷，不受干擾地向前走，不會有什麼過錯。在人生的岔路口，選擇什麼樣的路去走，向左還是向右，一旦決定，就應不屈不撓地走下去。

有句話說：「男怕入錯行，女怕嫁錯郎。」選擇正確的道路，永遠比跑得快更重要。人生如同在池塘裡釣魚，選對池塘才能釣大魚，在淺水的地方垂釣，肯定釣不到魚。在人生的岔路口，每做出一次正確的選擇，就向成功的人生邁進了一步。

戴爾在高中時代就經常夢想著有朝一日要成為一家大公司的首腦。雖然這只是他十多歲時的夢想，但卻是他人生版圖的萌芽。

進入大學後不久，戴爾的興趣就從經營一般企業轉移到研究評斷公司財務之上。由於家裡的經濟情況不好，大學二年級時，家裡已無法再繼續供他念書，這使他陷入不知該休學就業還是該半工半讀的窘狀。在這個人生的岔路口，到底要選擇走哪一條路呢？

因為戴爾有著自己的夢想，因此他選擇了無論如何都要堅持到畢業。他做到了，並且做得很好，每個學期都能因為取得優異成績而獲得獎學金，還找到了一份兼職工作，利用獎學金及這份兼職工作，解決了他的學費與伙食費的問題。

三年後，戴爾以極其優異的成績畢業，並獲得經濟學士的學位，接著他又攻讀了碩士。戴爾的第一個工作是一家頗具規模的證券公司的投資諮詢部辦事員。不久，戴爾又進入一家石油勘探公司做財務經理，一待就是四年。四年之後，他開始懷念起老本行了。於是，一咬牙，他又回到原來的那家證券公司工作，並等待機會。皇天不負苦心人，機會終於來了，公司一名資深職員即將退休，這名職員擁有八個非常有實力的客戶，欲以五萬美元出讓。

這對戴爾來說是相當大的賭注，因為五萬美元相當於他的全部家當，如果失敗，他會變得一貧如洗。而且，接下這些客戶以後，能否留住也是個問題。這時，戴爾再一次來到了人生的岔路口，接還是不接呢？

最後，他一心想自立門戶的雄心戰勝一切，毅然接下了這八名客戶，並且立即前往拜訪，在客戶面前，他十分誠摯地向他們說明自己的理想與設計，客戶們都被他的熱情所感動，都表示願意觀察一段時間。當時，戴爾才二十八歲。

經過幾年的努力，戴爾成為一家投資諮詢公司的總裁，擁有將近一億元的資產，並兼任某大型銀行的常務董事及數家公司董事。就這樣，一名十多歲高中生的夢想在不到四十歲時就實現了。

故事中的主角戴爾之所以能夠成功，就是在遇到人生的兩次岔路口時做出了正確的選擇。其次，他也一直在為著自己的理想奮鬥，並始終堅持不渝。《易經》履卦中說：「素履，往無咎。」意即採取行動的時候，按照自己的初衷，不受干擾地向前走，不會有什麼過錯。在人生的岔路口，選擇什麼樣的路去走，向左還是向右，一旦決定，就應不屈不撓走下去。

如果把自己的人生比喻成一條漫長的道路，那麼在這條道路上，一定擁有太多紛繁錯雜的岔路口。而每次來到一個岔路口時，總要進行選擇，是要向左還是向右？而每一次不同的選擇，也註定了不同的結果，甚至可能改變我們的一生。而且，處在人生的岔路口，任何選擇都是一次性的，不可能重來。鑽井過程中發現問題，我們可以填井側鑽；建高樓大廈時發現品質問題，我們可以推倒重來。可是人生就像「開弓沒有回頭箭」一樣，只要選擇一條道路，不管平坦還是曲折我們都要走下去。

可以說，我們從幼稚園開始就會遇到人生的岔路口，上幼稚園時，我們會選擇一個好的幼稚園；上小學時，我們要選擇一個好的學校；中學也是如此。到了考大學的時候，考什麼大學，選擇哪項科系，那麼選擇就更加重要了。大學畢業後，更要面臨種種的人生選擇——參軍、轉業、復員，工作調動、配偶選擇、行業選擇、投資方向等等。

人生的選擇也猶如下棋，一步走錯了，步步錯，一個選擇錯了，又一個選擇錯了，不斷地做出錯的選擇，到最後便產生了失敗的結果。一步走對了，無數大大小小的選擇就都走對了，我們才能夠品嚐到成功的果實。所以，要想獲得一個成功的人生，我們就必須降低做錯誤選擇的機率，減少做錯誤選擇的風險。一個人要想在人生的岔路口減少錯誤的選擇，就一定要預先明確自己人生中最想要的結果是什麼，並為這個結果而做出所有正確的選擇。

面對人生的許多未知，站在人生的岔路口上時，不向左，也不向右，而是舉步不前的也大有人在：明朝的崇禎皇帝吊死在樹上，大清的順治皇帝捨棄皇位而出家，海明威把獵槍伸進嘴裡，三毛用自縊的方式遠離紅塵困擾，阮玲玉藉助安眠藥結束自己的生命以示清白，陳寶蓮、張國榮等明星則是義無反顧的一躍而下，做為天之驕子的當代大學生自殺的新聞更是屢見媒體。從某種意義上來說，這也是一種選擇，但是這種選擇是一種對家庭、對社會一種不負責任的選擇。人生的路很長，遇到的岔路口會很多，迴避是一種懦弱的表現，只有迅速抉擇，邁著堅實的步伐義無反顧地走下去，人生才會更加精彩，待時光流逝，回頭看看自己走過的路，也許會為自己在岔路口的選擇而驕傲和自豪。

總之，每一個對未來有著美好嚮往的人，都要在自己人生的岔路口上謹慎地做出向左還是向右的選擇，充分利用選擇的權利，做命運的船長、靈魂的舵手！

什麼都想要，會什麼都得不到——君子以懲忿窒欲

贏在選擇

《易經》損卦中說：「君子以懲忿窒欲。」君子應當懲戒憤怒，堵塞不良慾望。一個人在一生中必須學會自我克制，制約自己的不平衡心理，削弱自己的個人慾望。如果太貪心，什麼都想要，有可能什麼也得不到。

偉大的教育家孔子曾經說過：「過猶不及。」有些人總會有無止境的奢求，在他們得到部分滿足的時候仍不願意收手，還希望擁有更多。忘記了適可而止，到最後可能是連自己原來得到的那一份也失去了。《易經》損卦中說：「君子以懲忿窒欲。」君子應當懲戒憤怒，堵塞不良慾望。一個人在一生中必須學會自我克制，制約自己的不平衡心理，削減個人慾望。

有個非常富有的商人，他的狗在一次散步時跑丟了，於是商人就在當地報紙上登了一則尋狗啟事：「有隻純種狗走失，若有撿到並歸還者，付酬金五千美元。」旁邊還附有小狗的一張彩照。啟事登報後，那些抱著狗來的人絡繹不絕，但可惜都不是商人家的小狗。商人的朋友說，撿到狗

的人肯定是嫌給的錢少，那可是隻血統純正的愛爾蘭名犬。於是商人將酬金改為一萬美金。

這時，一個總在街上乞討的年輕乞丐在人家扔掉的報紙上看到了這則啟事，他立即跑回他住的地方，因為前幾天他在馬路上打盹時撿到了一隻小狗，現在這隻狗就被關在他住的那個窯洞裡。他拿著報紙一對照，發現果然是商人走失的那隻小狗，於是乞丐隔天早晨就抱著狗去找商人領那一萬美元的酬金。當他經過一個報攤的時候，發現報上又重新登了啟示，那則啟事的酬金已變成一萬五了。

於是乞丐便抱著狗又回到了他的破窯洞。重新把狗關了起來。過了一天，他果然看到酬金又增加了很多。

在接下來的幾天裡，乞丐天天看報紙，當酬金漲到讓全城所有市民都感到驚訝時，乞丐洋洋得意地夢想發財的時候，卻發現那隻狗已經餓死了。因為這隻狗根本就不吃乞丐從垃圾堆裡撿來的食物，他在商人家裡每餐吃的可是牛奶和麵包。

乞丐本來可以得到上萬元的酬金，但只因為他太貪心，胃口變得越來越大，結果一無所獲。哲學家柏拉圖說：「一個人，最重要與最大的勝利是征服自己，最可恥、最卑鄙的莫過於被自己的私慾所征服。」人生之路，誘惑無所不在，名利的誘惑、金錢的誘惑、聲色的誘惑、美食的誘惑等等，不一而足。孟子說：「養心莫善於寡欲。其為人也寡欲，雖有不存焉者，寡矣；其為人也多欲，雖有存焉者，寡矣。」意思是說，修身養性和保全自己的最佳方法，莫過於減少慾望。凡是能夠減少慾望的人，就能保持身心健康，這種人很少有失敗；反之，慾望太多，什麼都想得到，人的身心就會被慾望所苦，這種人很難保持長盛不衰，弄不好還可能讓自己身敗名裂，甚至身首異處。

人類極易成為貪婪的奴隸，變得越來越貪婪。當已經得到不少時，仍指望得到更多。當了將軍想當元帥，當了帝王想長生不老，結果最後更喪失理智，做出愚昧不堪的行為。《阿里巴巴與四十大盜》中，唸著「芝麻開門」的口訣，就能進入藏寶之洞，有的人適量地斂了財寶，遵循了「見好就收」的原則，冷冷靜靜出洞，安安分分地過日子；有的人一進洞，眼花了、心花了，連腦袋都大了好幾圈，利令智昏，怎麼拿都嫌不夠。口訣？哪還記得啊！結果強盜回來後送他們見了閻王。

在春秋時期，晉獻公想借道虞國以便攻打虢國，於是與大臣荀息商量計策。

荀息獻計說：「大王，我們只要把傳國的名璧與名馬贈給虞公，虞國就一定會借道給我們。」

「可是，名璧與名馬都是我國的寶貝，萬一對方收下東西後卻不肯借道，我們如何是好呢？」晉獻公好像有點捨不得。

荀息看出了晉獻公的心思，於是斬釘截鐵地說道：「如果虞國不借道給我們，那就不會收下東西了；既然收了我們的東西，就一定會借道的。請大王放一百個心！實際上，玉璧只是從內倉轉到外倉而已，名馬也只是從內側馬廄牽到外側馬廄而已。」

聽了這番話，晉獻公立刻明白荀息的用意，於是命令荀息帶著名璧與名馬兩件寶貝前往虞國交涉。

虞公見了這兩件禮物後十分喜愛，一邊玩著玉璧，一邊看著寶馬說：「我們可以借道，我們可以借道！」

虞國有一位大臣叫宮之奇，是個很有眼光和見識的人，當他聽說虞公答應晉國借道的要求時，趕緊阻攔道：「大王千萬不要收晉國的禮物，更不要答應晉國給他們借道伐虢。對我國來說，虢國就像嘴唇一樣，唇亡則齒寒，如果我們借道讓晉國滅了虢國，那他們下一個目標就是我們虞國，虞國是不可能獨存的。」

但虞公早已被那兩件寶貝迷了心竅，根本聽不進去這些話。他最後還是收下了禮物，讓路給晉國伐虢。

結果不出宮之奇所料，晉國在滅了虢國後，也順道把虞國消滅了。

可憐那位貪圖名馬、名璧的虞公，到頭來不但沒能將寶物佔為己有，而且連自己的江山也丟掉了。人的貪慾膨脹最容易使人心智迷亂，看著似乎就唾手可得的機會往往是危險的陷阱。「一失足成千古恨」，因一念之差而遺恨千古，古今中外，有多少英雄豪傑色慾薰心反遭失敗；又有多少現代官員經不起物質財富的誘惑而貪污受賄，最終落個官失人去的下場。假如一個人禁不起金錢的誘惑，那麼他的生命、他的名譽，就是掌握在金錢的手中；禁不起名位的誘惑，那麼他的生命、他的道德，就會掌握在名位的手中；禁不起情慾的誘惑，那麼他的生命、他的道德，就會掌握在情慾的手中。

人生就如一杯水，杯子的外表華麗與否雖然可以顯示出貧富差距，但杯子中的水，清澈透明，無色無味，對任何人都一樣。慾望過強的人會不停地往杯子中加糖或其他佐料，但加太多，味將不對味，因為杯子的容量有限，必須適可而止，見好就收。人不讓無窮的慾望攫取己心，「有就比沒有好」才是不錯的人生態度。

樹欲靜而風不止，有人渴望成功，但又總埋怨成功路上誘惑太多，自己陷入誘惑的深淵實為身不由己。其實，禁不住誘惑實際上就是不能控制自己內心的慾望。由此觀之，面對誘惑，既應有所取又應有所捨，既應有所投入又應有所自持，既應有所熱忱又應有所節制，進而能在誘惑的包圍之中，頭腦清醒，心態平衡，不越雷池一步。

酒飲半醉，花看半開，船揚帆五分，是最安全的；水器只注五分，是最穩當的。只知砍砍殺殺乃是匹夫之勇，知道適時鳴金收兵的才是良將和智者。因此，我們應該真正具有的人生態度是：遠離貪婪，適可而止。生活中很多事情是應該適可而止的，大到財富、金錢與工作，貪得無厭最終會害人害己；小到飲食、運動，吃多了、動多了反而會不好受。取自己夠用的，不貪求，這也是一個重要的人生修練。

美國科學家富蘭克林說過：「在跨越誘惑之門的時候，僅靠道德的力量往往是不夠的，只有充滿了基督徒的剛毅精神和高貴品格，我們才能拒絕致命的誘惑。美好的情感是能帶動我們生命向前航行的風，而理智則是這艘船的舵。如果沒有風，船就不會前進；如果沒有舵，船就會迷失方向。在超越誘惑的時候，情感和理智都在我們心中，就看我們如何去掌握。」

舉棋不定，人生大忌——

夬，揚于王庭

《易經》夬卦中說：「夬，揚于王庭。孚號。告自邑，不利即戎。利有攸往。」夬，意為決。決就是做事要決斷，要果敢，要雷厲風行，不可慢慢吞吞，猶豫不決。假如一個人永遠徘徊於兩件事之間，對自己先做哪一件猶豫不決，他將會一事無成。

有史以來，舉凡能做大事者處理事情都會當機立斷，他們既能拿得起，也能放得下，乾淨俐落。世間最可憐的，就是那些遇到事情心裡就舉棋不定、猶豫不決，經常徬徨、不知所措的人。事情對他有利時，他不敢做決定，猶猶豫豫畏首畏尾，這也不行那也顧忌。像這種沒有主見和定力的人，往往意志不堅，既沒有自信，也不會為他人所看重，機遇更不會屬於他。《易經》夬卦中說：「夬，揚于王庭。孚號。告自邑，不利即戎。利有攸往。」夬，意為決。決就是做事要決斷，要果敢，要雷厲風行，不可慢慢吞吞，猶豫不決，這樣會自毀前程，荒廢青春。

有這樣一則寓言故事：有一頭驢子因飢餓難耐，到處找草吃。但當牠來到兩堆青草中間時卻猶豫了，因為這兩堆青草大小差不多，也都非常鮮嫩。驢子心想：「我要是吃左邊的，可是失去右邊的該怎麼辦？但要是吃右邊的，那左邊的被人拿走怎麼辦？」就這樣，驢子哪邊的草都不願意捨掉，就這樣一直站在兩堆青草中間進行著心理大戰，最後竟眼睜睜地餓死在兩堆青草中間。

其實，這頭驢子並不是因為沒草吃而餓死的，而是被難以選擇所困死的。其實，在現實生活中，不管是大事還是小事，我們之中的很多人在遇到事情時都會躊躇不決。當我們面對一些難以取捨的問題時，慎重些考慮是必要的，但是就怕猶豫不決。因為一個人的精力和才智是有限的，猶豫徘徊，患得患失，其結果只會浪費生命。機會總是稍縱即逝的，等到猶猶豫豫決定好以後，一切已是物是人非、滄海桑田了。

《致富時代》雜誌上，曾刊登過這樣一個故事：

有一個年輕人，自稱「只要能賺錢的生意都做」，在一次偶然的機會，得知目前市場上缺乏裝垃圾的便宜塑膠袋。於是，他立即就開始進行市場調查，最後確定的確有利可圖。接著他馬上著手行動，很快把價廉物美的塑膠袋推向了市場。結果，在別人看來一文不值的「垃圾袋」，在兩星期內為他賺了幾萬元。

相反，一位才智一流、擁有傲人文憑的翩翩才子看到不如自己的人都能賺到錢時，也決心「下海」做生意。

有朋友建議他去炒股票，並且教他許多股市的學問，他立刻豪情萬丈、信心百倍直奔股市而去，但在辦理股東卡時，他卻開始猶豫了：「聽說炒股的風險很大，我還是等等看。」

又有朋友建議他去做一位兼職老師，他很有興趣，但臨近上課時，他又開始猶豫了：「上一堂課才一千五，沒有什麼發展。」

就這樣，這位才子一直在猶豫中度過了三年，始終沒有「下」過海，碌碌無為。

一天，這位「猶豫才子」路過一片果園，望著那些茁壯成長的果樹感嘆道：「上帝賜予了一塊多麼肥沃的土地啊！」種果樹的人一聽，對他說：「那你就來看看上帝是如何在這裡耕耘的吧！」

如牆頭草一般隨風搖擺不定的人，無論他其他方面多麼強大，在生命的競賽中，總是容易被那些堅定的人擠到一邊。躊躇不決、猶疑不定幾乎是每個人都必須面對的共同敵人，有人曾將上千位遭受失敗打擊的人們加以分析，也就揭開一件事實，即：「躊躇不決」在失敗的多項重大因素中，名列前茅。

西方人總提倡「try it」（試一試），有人將它譯成「踹一踹」那扇通向成功的大門，如果你不踹它一踹，總以為它是關著的，難以逾越的，在門前徘徊猶豫，虛度光陰，還不如勇敢地伸出你的腳，毫不猶豫地踹它一腳，也許這扇大門就敞開了，也許這扇大門本身就是虛掩著的，關閉只是它的表象。

就如惠普公司的前任首席執行長卡莉．菲奧莉娜說的那樣：「不管你做什麼選擇都會有後果，有些後果是不錯的，有些後果確實是令人很有挫折感，但是自己必須做這個決定。」拿破崙也說過：「一個合格的軍官，他的知識和素質應該成一個正方形，光有知識不行，軍官還要有做決斷的勇氣。」成功總偏愛那些決策果斷、雷厲風行的人，他們雖有時也難免犯錯誤，但是他們比那些做事猶豫的人強，成功的機會也大得多。

美國鋼鐵大王卡內基，他在年輕時擔任過鐵路電報員。有一次，他值班時正好是假日，而這時突然收到一份緊急電報，電報上說附近一列貨車脫軌，各班列車必須馬上改變軌道。卡內基打了很多電話也找不到一個夠資格下命令的上司，不得已，他便自己冒充上司的名義下達命令給司機，安排他們改換了車道，進而避免了一次車禍的發生。按當時鐵路公司的規定，電報員冒用上司的名義發報，肯定革職無疑。於是，他在隔日一上班時就把辭呈遞給了上司。上司接過辭呈直接撕了，告訴他：這世上只有兩種人值得開除，一種是不肯聽命行事的人，另一種是只聽命行事的人，而你並不是其中的任何一種。

卡內基的經歷告訴我們：有時優柔寡斷、前思後想固然可以減少風險，少犯錯誤，但往往會喪失很多機會，造成不必要的損失。在生活與工作中，我們會碰到許多需要馬上做決定的事情，它需要冒一定的風險，在關鍵時刻拍板拿主意。美國通用電氣公司的前總裁傑克·韋爾奇把決斷能力看成是「面對困難處境、勇於做出果斷決定的能力」。無論當前的問題有多麼嚴重，也不需要我們瞻前顧後權衡利弊，我們也不要一直沉浸在優柔寡斷之中而躊躇不前。假使我們仍然心存一種凡事慢慢來或做壞了再重新考慮的念頭，我們是註定要失敗的。寧可讓自己因果斷的決定而犯下多次錯誤，也不要姑息自己養成一種優柔寡斷的習慣。

人生是應該有深刻的思考，但絕不應該猶猶豫豫。當我們站在十字路口的時候，不該在選擇面前畏畏縮縮，只要認清方向，就該放膽前行，猶豫只會讓人膽怯。「世上本無路，走得人多了也便成了路。」既然這樣，那我們還猶豫什麼？每一段路的終點都是一個新的起點，當我們的人生需要去選擇的時候，請不要過度猶豫。開滿鮮花的路上或許有陷阱；荊棘密布的山路總是讓人望而生畏；平坦寬闊的道路可能沒有風景；雜草叢生的野徑或許潛藏著毒蛇……不同的人生選擇會有不同的人生境界，但是，不同的人生境界也必定會讓人擁有不同的人生收穫。

二

選職業

——虞吉，有他不燕

職業選擇在人的一生中是一項重要的抉擇，因此，必須要謀劃好。《易經》中孚卦中說：「虞吉，有他不燕。」意即即使心誠意篤，也應該在做事情之前先有準備；這樣，發生了其他的意外事情，就不會像燕子那樣飛來飛去。這是告訴我們，做事要有準備，要事先謀劃好。可以說，謀劃能力在人的職業選擇過程中非常重要，它與成功息息相關。很多人不瞭解自己到底適合做什麼工作，不停地換來換去，只希望能在這個過程中找到自己真正感興趣的工作，但過去了很多年，仍然很迷茫。所以我們要認真選擇，認真謀劃自己的職業，否則我們根本就不知道什麼樣的行業適合自己，什麼樣的企業適合自己。

打工還是創業——

知臨，大君之宜，吉

贏在選擇

《易經》臨卦中說：「知臨，大君之宜，吉。」知，就是智慧的意思，這就是說，以智慧統御民眾，偉大的君主應該如此，這樣就吉祥了。同樣，我們在選擇打工還是創業時，也要藉助自己的智慧。要權衡利弊，明白自己看重什麼、忍耐度有多大、優勢和劣勢有哪些、性格和特質是適合做員工還是做老闆。

到底是自己出去創一番事業做一回老闆，還是埋頭打工，將忠誠全部奉獻給公司呢？這對任何一個職場人士來說，都是一個很有誘惑性、令人困惑的問題。薩勒就是其中一位困惑者。

薩勒今年二十八歲，是一家中型玩具廠品質檢測部的主管，福利、待遇還算可以。處在如今這個金融危機的時刻，這份工作還算不賴。但一想到要購屋，還要養活一家大小過上幸福生活的將來，薩勒的心裡就開始疑惑：靠他現在這份職業，可以實現他的人生願望嗎？

每次只要一想到此，薩勒就有些洩氣。套用一句俗話：靠他這份工作餓不死，但要靠它實現自己的人生目標的話，很可能永無出頭之日。

一天中午，薩勒在與同事們聊天時搬出了這個話題，沒想到同事都不約而同認為：打工無法出頭，只有自己做老闆，就是生意再小，也是自己的生意。哪怕做得再辛苦，也覺得值得，不奢望可以做千萬、億萬富翁，賺個數十萬不也是挺好嗎？就算最終以失敗而告終，也可以獲得一些深刻的人生經驗。

這個論點博得了薩勒一個同事的熱烈贊同，他說，前一陣子他的一個同學開了一間服飾店，做得很成功，每月淨收入上萬元。另一個同事也舉了一個例子，他中學同學家裡是做小本生意的，這些年賺了多少錢沒有人知道。

最後，同事都贊同薩勒在能力所及的範圍內找些小生意做做，雖然目前沒有太大的實力，也沒有很多本錢，可是多少億萬富翁不也是白手起家的嗎？

聽完同事們的建議，薩勒內心很激動，但又不無憂慮。上班固然賺不了多少錢，卻少了許多奔波的艱辛和必須承擔的風險；創業固然能帶來許多自我創造的快樂和收穫成功的喜悅，但最後成功卻無法預知，搞不好一敗塗地，連老本都賠了進去。究竟該如何取捨呢？

任何事都是有利有弊的，上班和創業亦如此。求職上班，每個月都會拿到較穩定的薪水，不用擔心企業的經營狀況，還可以享受到一定的假期和各種福利，在大公司還有晉升的機會，但是卻沒有賺大錢的機會，工作缺乏挑戰性，而且企業效益不好或有變動時，隨時會被「炒魷魚」。而創業，則能讓人有成就感和賺取財富的機會，工作有挑戰性，而且成功也會帶來榮譽和地位。但是，自己創業要承擔很大的風險，若沒有業務收入，也仍有固定費用支出，可能辛辛苦苦還賺不到錢。而且，創業者生活也極端不規律，經常超時工作，沒有正常假期。

《易經》臨卦中說：「知臨，大君之宜，吉。」知，就是智慧的意思，這就是說，以智慧統御民眾，偉大的君主應該如此，這樣就吉祥了。同樣，我們在選擇上班或者創業時，也要藉助於自己的智慧。是要選擇上班或創業，要根據一個人的具體情況而定。當然，大多數人還是想過一過「老闆癮」，但又確實不是誰都能夠當老闆的。很多人只看到了那些名利雙收的「老闆」，而沒有看到失敗破產的「老闆」。阿里巴巴集團的主要創辦人馬雲曾說過，在一百個創業者中，有九十四個在懸崖上連「啊」的一聲都沒來得及喊，就掉下去了。還有五個抓著懸崖邊在努力掙扎，但最終還是掉了下去，僅有一個能幸運地「活」著挺過來。

創業不是一件簡單的事情，它要求創業者除了創業資本以外，還需具備如下的條件：

1．創新精神

香港金利來領帶的創始人曾憲梓曾說：「做生意要靠創意而不是靠本錢！」具有創新思維的人都有敏銳眼光、獨到見解，能想到別人想不到的，能看到別人看不到的，這樣的人才適合當老闆。因為在如今這個競爭激烈的市場中，缺乏創新的企業很難站穩腳跟，改革和創新永遠是企業活力與競爭力的泉源。具有創新精神是創業者應具備的基本素質之一。

2．從自己熟悉的領域做起

經營自己熟悉的行業，是上一輩生意人總結出的經商真諦。「隔行如隔山」，投資創業，做為創業者一定要懂得，要有此行業的經驗，要熟悉其中的營運作業流程。如果缺乏經歷，因為眼紅別人的生意做得非常好，而不顧自己的條件盲目跟進，想從中分一杯羹喝，其結果，很有可能是創業之日就是倒閉之時。

3．良好的人脈網路

美國著名的演講口才藝術家卡內基曾說：「一個人事業上的成功，百分之三十靠他的專業技術，百分之七十靠他的處世技巧和人際關係。」創業必須要有良好的人脈網路。人脈廣，創業便暢通無阻，一路凱歌；無人脈，創業則一路紅燈，處處受阻。因此，在自己經營的這一行裡，要熟悉那些專業的人才，要有很多朋友在幫助你，幫你拓展業務關係，幫你解決難題，幫你處理經營中的危機。

4．冒險精神

創業與風險是連在一起的，只有勇於想像、善於開拓、敢冒風險的人才適合創業。要是一個人畏首畏尾，那根本就沒有資格談創業。有時候，成敗就在一念之間，跨一步是成功，退一步是失敗，很多人因為沒有冒險的精神，往往都在最後關頭放棄，同時也放棄了成功。

5．理財能力

做為一個創業者，一定要具有較強的理財能力，只有這樣，創業過程中所遇到資金問題才會更少，資金的風險性才會盡可能降低，其創業資金的效益也才會更高。如果不會理財，創業時只知道忙忙碌碌，是賠了還是賺了自己根本就不知道，直到有一天資金週轉不靈了，創業也就失敗了。

6．堅韌不拔的精神

創業者必須具有堅韌不拔的精神，不管在什麼環境下，始終堅信創業能成功。一個人若想創業，有了資金，有了條件，但缺乏的信心和勇氣，那他也不會取得成功。

上班與創業，並不是兩條永遠背離的道路。年輕人，既可以立志做一輩子上班族，成為社會的職業中堅；也可以勇於創業，在失敗中不斷成長；還可在創業失敗後，重新成為一名上班族。對於將來想創業，但目前條件不具備的人，可考慮先就業，經由就業的經歷來累積經驗與資源。等到行業知識、客戶資源管道、營業模式都有了，再進行創業，這才是一條合理的職業生涯規劃之路。

做生不如做熟——舍爾靈龜，觀我朵頤，凶

贏在選擇

《易經》頤卦中「舍爾靈龜，觀我朵頤，凶。」捨棄自己靈龜般的智慧和寶貴的領域，呆呆地看著別人，羨慕別人的方式和方法，這是凶險的。這也就是說，如果我們不懂得運用智慧選擇自己最熟悉、最有優勢的領域經營，只是羨慕人家在其他領域發財，而企圖模仿別人，這是危險的。

一個人想要擁有成功的職業生涯，就要把自己最擅長的事做為自己的職業。世間有數不盡的由於選擇了適合發揮自己長處的職業，並因此青雲直上成為眾多成功者的風雲人物。一位作家曾經說過：「一個人所成就的事業，必然是這個人的特長。」

美國作家馬克．吐溫曾經做過商人，但由於缺乏經商才能而栽過不少跟斗。第一次他從事的是打字機的生意，因被人欺騙，賠了近二十萬美元；後來，馬克．吐溫看見出版商因為發行他的作品賺了很多錢，心裡很不服氣，也想進入這一行，於是他便開辦了一家出版公司。可是他對這行又完全

屬於門外漢，對出版發行的事務一知半解，結果又賠了十萬美元，公司最後也以破產倒閉而告終。

經過這兩次失敗後，馬克．吐溫終於意識到自己根本就不是做生意的料，遂斷了經商的念頭，繼續發揮他文學上的天賦，重新走創作之路。從此，他擺脫了失敗的痛苦，在文學創作上取得了輝煌的成就。

每個人都有自己的長處，有的人擅長這一行，有的人擅長那一行。我們要想取得職業成功，要想有完美的執行力，就必須做自己最擅長的事。就像一個火車頭，只有在車軌上時才是強大的，一旦脫離車軌它便寸步難行。正如美國科學家和文學家富蘭克林所說：「寶貝放錯了地方便是廢物。」在二十世紀五〇年代，德裔美國科學家愛因斯坦曾收到一封邀請他去當以色列總統的信。出人意料的是，愛因斯坦竟然拒絕了。他說：「我整個一生都在與客觀物質打交道，所以我既沒有天生的才智，也缺乏必要的經驗來處理這些政務，怎麼能夠公正地對待別人，所以，本人不適合如此高官重任。」

偉大的哲學家和革命家馬克思年輕的時候，他的理想是做一名詩人，但是經過一段時間的努力後，他發現自己更適合進行社會科學的研究工作，於是他轉而研究社會科學，最終成為了偉大的革命先行者。還有英國著名詩人濟慈，一開始學的是醫學科系，後來他發現自己更擅長於詩歌寫作，因此他果斷放棄了原來的科系，而全心全意地投入到詩歌創作中，成為知名的詩人。

試想一下，如果馬克思和濟慈都沒有從事自己最擅長的工作，而繼續原來夢想，那麼德國最多不過增加一位平凡無奇的詩人馬克思，那麼英國則不過增加了一位醫術不高明的外科醫生，而在國際運動史和英國文學史上則肯定要失去兩顆光彩奪目的明星。

朱星儀在大學主修的是汽車科系，她的父親是一名國家幹部，母親是一名大學教授。星儀畢業後，媽媽利用關係為她找了一份編輯工作，可是她從來沒有學習過編輯知識，文字水準也很一般，看著厚厚的稿件和那些用紅筆標注的各種符號，她腦子一片模糊。由於無法勝任工作，不到兩個月，她便被公司辭退了。

兩個星期以後，爸爸又透過關係給她找了一份廣告企劃的工作。

對於廣告企劃，星儀更是一竅不通。一次，老闆讓她為一件家具做個廣告創意，她憋了十天才把方案拿出來。老闆一看，氣得說：「妳這也叫廣告創意？妳知道什麼叫廣告嗎？」星儀實在是做不了這個工作，不到一個月，她又離開了公司。

星儀很煩惱，找來大學的同學一起聊天解悶，她的同學對她說：「妳在大學主修的是汽車科系，為什麼不找自己專業的工作，反而去做自己不熟悉的事呢？工作再好，如果不適合自己也是做不好的，只有適合自己的工作才是最好的。」同學的話對她的啟發很大。

從那以後，星儀開始到人力市場找工作。一次，她去參加一個汽車展售會。只見展臺上有一輛新款的BMW汽車，車旁站著一位美女，十分漂亮，一大堆人圍著車，不知是看車，還是看人。這時，人群中有一位中年人問美女：「妳們這裡有OPEL Vectra嗎？」

「什麼是OPEL？我不知道。」美女用茫然的眼神看著那位中年人。

星儀聽了差點笑了出來，她走到那名中年人面前說：「OPEL Vectra是最新設計風格的車型，您看，展廳最西邊的那輛就是。」

「小姐，這車怎麼樣？妳幫我介紹一下好嗎？」中年人誠懇地說。

「沒問題！」星儀帶著中年人去看車，後面跟過來一大群人。

星儀對車太熟悉了，大學四年，她學的就是車。她對那位中年人說：「這車不錯，在剛閉幕不久的日內瓦國際車展上，榮獲了金方向盤獎。您看，它採用了147馬力、2.2升發動機，具備手動換檔功能的自動變速箱，這是同類型中最高的品質標準。」星儀打開車門，讓中年人坐了上去。

她接著說：「怎麼樣，是不是很舒適寬敞？」

「嗯，不錯。」中年人笑著點點頭。

「您看，這個互動式駕駛系統（IDS）的運用，這種車是世界上最具智慧的車輛之一。」

「這車售後服務好嗎？」

這時，一位經理模樣的人走了過來，他笑著對那位中年人說：「這位小姐說的不錯，這是今年的新款，我們有著最優厚的售後服務——兩年或四萬公里的維修服務。」

「好，我訂一輛。」

這個經理模樣的人是一位汽車進出口公司的老闆，他立刻給這位中年人辦理了各種手續。待中年人買完車後，他走到星儀的面前，熱情地問：「請問小姐，您怎麼對車這麼熟悉啊？」

星儀知道他是經理後，不好意思地說：「班門弄斧了，我大學學的就是汽車科系，所以知道一些。」

「噢，原來妳是學汽車科系的大學生，妳願意到我們公司工作嗎？」

第二天，星儀就來到這家汽車進出口公司上班了。在那裡，她如魚得水，做得很出色。不久，就被提升為公司的銷售主管。

朱星儀的父母利用關係先後為她聯絡了兩家公司，但她都沒兩個月就被辭退了，而她自己從所學的科系入手，則找到了適合自己的職位。人的一生成功與否，主要在於是否能夠經營自己的長處。

所以，我們應該知道自己最擅長的是什麼，並且清楚自己真正喜歡做而又比別人做得好的事情。不管我們目前擔任什麼樣的角色，找到自己的長處對成功很重要。就像在商場中一樣，找出產品的優勢，就等於是瞭解了產品的賣點一樣。然而，很多人往往一時很難弄清自己擅長什麼，這就需要我們在實際中善於發現自己、認識自己，不斷地瞭解自己能做什麼、不能做什麼，進而發現自己的長處。

《易經》頤卦中：「舍爾靈龜，觀我朵頤，凶。」捨棄自己靈龜般的智慧和寶貴的領域，呆呆地看著別人，羨慕別人的方式和方法，這是凶險的。這就是說，如果我們不懂得運用智慧選擇自己最熟悉、最有優勢的領域經營，只是羨慕人家在其他領域發財，而企圖模仿別人，這是危險的。每個人都有很多能力，但總有一種能力是最擅長的。只有找對自己最擅長的事，才能發揮自己最大限度的潛力，調動自己身上所有的積極因素，並把自己的優勢發揮得淋漓盡致，進而獲得成功。

一個人用盡一生全力以赴地去做一件事而沒有得到成功，並不意味著他做任何事情都無法成功。因為他可能選擇了自己並不擅長的職業。尺有所短，寸有所長。有些人善於與人打交道，有些人則更適合做科研職業。所以，我們在找尋自己的職業生涯時，千萬要注意：選擇最有利於發揮自己優勢的職業，才能發揮自己的長處。

興趣為事業引路——

無妄，往吉

《易經》無妄卦中說：「無妄，往吉。」意即不做荒謬不合理的事情，就會得到吉祥和平安。選擇職業也是如此，一定合理選擇自己的職業，選擇自己感興趣的職業。當一個人從事自己感興趣的工作時，更容易投入自己的熱情，更容易獲得快樂，也更容易取得成績。

人的一生中，會選擇什麼樣的職業，興趣佔了主導的地位，有時它比能力顯得更重要。可以說，興趣已經成為一個人從事職業活動的強而有力的動力之一。如果我們問一下那些在事業上取得成就的人：「為什麼你認為你目前的事業得到了成功呢？」大部分人都會回答：「因為我現在從事的是我真正想做的事。」《易經》無妄卦中說：「無妄，往吉。」意即不做荒謬不合理的事情，就會得到吉祥和平安。選擇職業也是如此，一定合理選擇自己的職業，選擇自己感興趣的職業。興趣是最好的老師，它可以補充人的精力，激發人的潛能，能給人增添信心和動力，不知不覺就引人踏上成功之途。

席勒是德國一位著名作家，他年輕時曾經被送到軍事學校學習外科手術，但他對做一名醫生一點興趣都沒有，反之對於文學創作卻是鍾愛有加。在那座軍事學校，席勒偷偷地寫下了《強盜》，這是他創作的第一部劇本。學校管理得像監獄一樣，令他感到萬分厭煩，而對於文學創作的渴望讓他冒著可能衣食無著的危險，偷偷地在文字世界裡進行著自己的文學之夢。他的執著幸運地得到一位善良女士的幫助，並很快創作了兩部偉大的戲劇。席勒也因此而成為了著名作家。

席勒的經歷讓我們明白一個道理：一個人只有從事自己感興趣的工作，才能取得非凡的成就。曾經有位還在求學的少年，向世界首富比爾．蓋茲請教成功的祕訣。蓋茲說：「做你所愛，愛你所做。」那位曾經獲得過諾貝爾物理獎的華人丁肇中也說過：「興趣比天才重要。」興趣決定成功，有調查顯示：興趣與成功機率有著明顯的相關性。曾有人進行過研究：如果一個人從事自己感興趣的工作，則能發揮全部才能的百分之八十至九十；而對所從事工作沒有興趣，只能發揮全部才能的百分之二十至三十。而工作效率的提高能夠增強工作單位對我們的滿意度，並因此導致工作的長期性和穩定性。

現實生活中，常有一些剛剛進入職場的年輕人整天無精打采，毫無工作與生活的熱情，怨嘆著工作的不幸和人生的無聊。為什麼他們會有這樣悲觀的情緒呢？那是因為他們正做著自己並不感興趣的事。如果一個人從事的是他並不感興趣的工作，那麼這份在別人看來很不錯的工作，則在他們心裡便會是一種沉重的負擔，結果因為沒有興趣而態度消極，工作效率低，無精打采，以致業績平平、無所作為。但一個人一旦選擇了真正喜歡的職業，工作起來就會興致勃勃、精力充沛，而絕不會無精打采、垂頭喪氣。同時，一份合適的職業還會有利於我們在各方面發揮自己的才能，並使自己迅速地進步。

我有一個朋友，父母從小就對他寄予厚望，想讓他以後能夠出人頭地，在他的教育上花了很大工夫。但遺憾的是，錢花了不少，他卻什麼也不願意學。這種狀態勢必讓他大考落榜，父母只好又花錢把他送到一所私立學校學習。可是混到畢業，連本校的畢業證書都沒能拿到。

後來，父母又四處託人給他找了家機電設備業務公司上班。在開始的幾年裡，他也是在渾渾噩噩中度過，有好幾次差點就被開除。就在他三十歲的那一年，有一次，一個客戶打電話問他某某型號的泵重量是多少。他不知道，便問一位同行。同行支吾著說：「我也不知道。」他又問另一位同行，得到的回答也是「沒注意過」。同行異口同聲的「不知道」，引起了他極大的好奇心和興趣。他怎麼也想不明白，那些做了多年的同行怎麼會不知道。於是，他找來一些有關泵的資料，並實地到廠商去考察，把各種型號的泵的重量、性能等等都記錄下來。很快，他成了這個行業的精英。

他的父母感到很奇怪，從小為他下了那麼大的工夫，花了那麼多錢，他卻什麼也沒學到。最後，他卻能成為機電行業的精英！

如果我們從事了自己喜歡的事業，我們就能釋放出超越自我的力量。人的創造力往往是在人的興趣激發下爆發出來的。拿破崙．希爾曾說：「做你感興趣的事，如果你興趣夠濃的話，那麼你幾乎是所向無敵。」我朋友之所以能夠成功，正是找到了他的興趣所在。一個人若是能根據自己的愛好去選擇自己的目標，他的主動性將會得到充分發揮。即使困難重重也絕不會灰心喪氣；即使十分疲倦，自己也會樂此不疲。偉大的發明家愛迪生就是個典型的例子。由於癡迷科學，他每天幾乎都在實驗室裡辛苦工作十幾個小時，在那裡吃飯、睡覺，而絲毫不以為苦。「我一生中從未間斷過一天工作。」他告訴別人說：「我每天其樂無窮。」

可見，人的興趣在職業活動中的影響是巨大的。但對很多人而言，發現自己擅長什麼，什麼是自己最感興趣的工作，卻是一件很困難的事，因為他們並不完全清楚自己。還有很多人只會羨慕別人，或者模仿別人做的事，認不清自己的專長，不會選擇自己感興趣的事情。所以，他們總是彆彆扭扭地做著自己喜歡的事，更不能對自己的職業盡心盡力。這些人都不能做成大事，他們的失敗只能怪自己。因此，在選擇職業時，我們不妨多問一問自己，我喜歡這種職業嗎？我喜歡做這種工作嗎？只有有了興趣，人做事才會有積極性。

一個人有什麼樣的興趣，才適合做與此相對的工作。有的人喜歡與事物打交道而不願意與人接觸，就適合從事製圖、勘測、工程技術、建築、機器製造、出納、會計等工作；有的人喜歡和人交往、交流，就適合從事記者、推銷員、技師、外交聯絡等工作；有的人喜歡凡事有規律，有條不紊，就適合從事圖書管理、檔案管理、文書、打字、統計等工作；有的人喜歡社會福利工作，助人為樂，就適合從事律師、醫師、護士、諮詢人員等工作；有的人喜歡從事研究工作，善於觀察、研究、分析、推理，這類人就適合做一些調查研究的工作；有的人喜歡具有創造性的工作，並善於想像、構思，這類人就適合從事廣告設計、新產品開發等工作；也有人喜歡做一些實際具體的能夠直接看到結果的工作，從中得到滿足，這類興趣傾向的人就適合從事室內裝潢、園林、美容、理髮、手工製作、機械維修、廚師等工作。

美籍華裔物理學家楊振寧曾說：「成功的真正祕訣是興趣。」興趣是人從事職業活動的強而有力的動力之一，可以換個說法為「我願意做」、「我喜歡做」、「我想做」。有些人興趣十分廣泛，對多種社會職業都感興趣，自己無論從事哪種職業都能勝任，但是，在判斷自己最適合從事的職業時，最好定出自己的中心興趣，也就是興趣中的興趣。中心興趣是指自己當前最喜歡並且切合實際的興趣。有了答案後，便需要緊緊地把握住它，我們的職業人生會因此有了方向感。

該毛遂自薦，就當仁不讓——

明出地上，晉

贏在選擇

晉卦中說：「明出地上，晉。君子以自昭明德。」向著光明，柔和進取。君子應當效法這一精神，使太陽的光輝照耀自己的德行。我們應堅持原則，堅持上進，讓自己的品德與作用更充分地顯示出來。要想讓別人看得到你，知道你的存在，知道你的能力，有時最好採用毛遂自薦的方法。

為什麼有一身才華的你永遠不被人注意？為什麼從來沒有人挖你跳槽，即使你在行業內已算是資深人士？要當職場中的英雄，坐等時機降臨是不行的，而要自己毛遂自薦創造有利提升的條件。晉卦中說：「明出地上，晉。君子以自昭明德。」向著光明，柔和進取。君子應當效法這一精神，使太陽的光輝照耀自己的德行。我們應堅持原則，堅持上進，讓自己的品德與作用更充分地顯示出來。

欣子是一個廣告公司的企劃。有一天，企劃部來了一個男孩子，要見總經理。這是一位「毛遂自薦」的男孩子，英文好，想到公司謀一份職位。因為公司當時並不需要人，因而沒有用他，但總經理卻把這個男孩推薦給了一位同行，結果這位男孩子很快就有了工作。

後來總經理提及這件事時說：這位男孩的英文能力並沒有他自己所描述的那麼好，但他敢毛遂自薦，至少表現了他主動積極和勇於向陌生的人、陌生的事挑戰的一面，當老闆的都喜歡用這樣的人。

一年後，欣子因為各種原因失去了工作，每天困守家中，苦悶異常，後來突然想起了總經理的話，於是寫了一份自薦書，主動去一家廣告公司接洽，負責招募的負責人與欣子相談甚歡，雖然欣子最後沒能到這家公司上班，但卻因為這次的毛遂自薦，而給欣子帶來了另一個工作的機會。

我們之所以要把「毛遂自薦」做為推銷自己的一個方法，是因為現代的社會競爭太激烈了，「待價而沽」或等人來「三顧茅廬」的時代已經一去不復返了，如果我們不主動出擊，等著別人來看到你，知道你的存在，知道你的能力，那麼就有可能「坐以待斃」。

對那些剛從學校畢業或是還沒找到工作的人來說，與其坐等伯樂，不如大膽地毛遂自薦。即使有了一份工作，也不能就此滿足，更應該發揮毛遂自薦的精神，推薦自己去做某件工作或擔任某項職務。如果自己有能力，可主動請纓去挑戰別人避之唯恐不及的工作，因為別人不願意做，毛遂自薦正可凸顯你的存在，如果一戰成功，你就是唯一的英雄。如果失敗，我們也學到了寶貴的經驗，而且別人也不會怪你，因為本來就沒有人願意做那件事。況且，我們的毛遂自薦，也替上司解決了難題，他對我們的感激當然就會記在心上。最重要的是，這個過程將成為我們以後面對更艱難工作勇氣的來源。

怯於毛遂自薦的人只能原地踏步，而勇於毛遂自薦的人則能走出人生的另一片天空。

不過，毛遂自薦不光有勇氣、有膽量，同樣還需要有一定的技巧，有勇無謀是不行的，自薦者所採取的策略、方法是否得當，決定了事情的成敗。

世界三大男高音歌唱家之一帕華洛帝曾到北京音樂學院參觀訪問，在訪問時，很多家長都想讓這位歌王聽聽自己的孩子唱歌，目的就是想拜大師為師。帕華洛帝面對家長們的盛情，出於禮節，只好耐著性子聽，一直沒有表態。

音樂學院有一名學生叫黑海濤，是從農村來的，他憑著自己的刻苦努力考入了這所著名的學院，他也想得到帕華洛帝的指點。但由於要見帕華洛帝的人有很多，自己不一定有機會得到他的指點。黑海濤不甘心白白浪費這麼好的機會，於是靈機一動，就站在窗外大聲唱了那首世界名曲《今夜無人入睡》。一直茫然的帕華洛帝立即有了反應：「這個孩子的聲音很像我！他叫什麼名字？願意做我的學生嗎？」

黑海濤以這樣毛遂自薦的方法，幸運地被這位世界聞名的歌王收為學生。一九九八年，黑海濤在義大利舉行的世界聲樂大賽中取得了第二名的好成績，從此成為了奧地利皇家劇院的首席歌唱家，名揚世界。

從這個故事可以看出：要取得毛遂自薦的成功，一是要膽大心細，適時果斷出擊；二是表現手法能立刻吸引他人的注意；三是必須要有真才實學。試想假如黑海濤沒有真唱功，就算喊破了嗓子，也不會有人理會。所以，膽量是前提，技巧是關鍵，水準是保證，三者缺一不可。

一位女大學生走進了一家報社，她是來求職的。

她來到了報社主任的辦公室，問道：「你們需要一位好編輯嗎？」

報社主任答道：「不要。」

她又問道：「那麼，好記者呢？」

報社主任又答道：「也不要。」

她接著問道：「那麼，印刷工如何？」

報社主任答道：「不要！我們現在什麼空缺也沒有了。」

「可是……那你們一定需要這個東西。」女大學生從包裡拿出一塊精美的牌子，上面寫著：「額滿，暫不雇用。」

報社主任看著這塊牌子笑了，也開始用一種新的眼光來審視面前這位年輕人。

最後，這位女大學生被錄用為報社的銷售部經理。

這位女大學生之所以能自薦成功，靠的就是她的那一份自信與幽默，因為自信的語言不但有助於應試者吻合招募者既定的聘用期望，而且還可能重新塑造招募者的聘用願望。

微軟公司的創始人比爾．蓋茲上高中時，曾到一家軟體公司應徵，因為比爾．蓋茲當時年紀太小，而遭到了公司的拒絕。但他並沒有氣餒，而是半夜跑到那家公司的垃圾堆裡，找出公司廢棄的一些程式資料，並進行了逐一修正，然後再次來到公司求職。當公司老闆看到這些被修正的程式資料時，被他小小年紀就有如此的才華所折服，破例給他安排了一個重要職位。

千方百計找到自己心儀公司的「軟肋」，並依靠自己的實力修正完善之，以此成果做為毛遂自薦的「見面禮」，這樣的毛遂自薦可以說是十拿九穩。

當然，「毛遂自薦」時也要注意不要吹噓自己的能力，有幾分能力就說幾分話，太過吹噓反給人不實在的印象。

現今是一個競爭激烈的時代，要想在競爭中取得勝利，不但要靠非凡的實力，有時還需要一點「毛遂自薦」的魄力。特別是在大企業工作的基層員工，要想在事業上有所飛躍確實不易。如果不在特定時機做出特別出色的成績，將很難有出人頭地的機會。在這樣的環境中，過分張揚容易遭人算計，但默默無聞也並非上策。只有學會在等待中積蓄能量的同時，巧妙地創造和把握隨時可能出現的機會，在關鍵時刻適時地展露自己的才華，才是走向成功的快捷方式。

做「鳳尾」還是做「雞頭」——君子以嚮晦入宴息

《易經》隨卦中說：「君子以嚮晦入宴息。」君子要遵從合適的休息時間，白天出外辛勤工作，夜晚回家休養生息。也就是說，我們做事必須能根據不同的時機，採用不同的對策，所謂「因時制宜、因地制宜」。一個人有一個人的心態，一個人有一個人的選擇。「鳳尾」、「雞頭」有好有壞，決定做哪一樣應該依個人的情況而定。

三十歲的馬爾茲現任職於一家國際知名度極高的外資公司，而且還在公司擔任高層職務。在同業間、親友圈受到極高的尊重與肯定。但是，在光鮮的背後，馬爾茲內心卻「侯門深似海」，受著「受牽制」、「沒自由」、「不開心」的煎熬。

這家外資公司是國際傳統名企，進駐國內的子公司傳承了國外的一整套制度，與國內高層的管理理念結合，企業員工各司其職，嚴格限定其職務範圍，包括上下級關係。在馬爾茲之上，有總監、CEO等層層彙報體系。在這套體系裡，馬爾茲只是一位執行者，並沒有決策的權力，而且還需要協調許多的同級關係，為達成一個方案，除了要得到層層上級的認可，還必須要與各個部門協調，所以，得到的結果總會打個折扣，很多時候不盡如人意。

在進入這家外資公司之前，馬爾茲就職於國內一家比較有名的私營企業，並擔任總監一職，論名氣與規模，該公司無法與現在的外資公司相比。馬爾茲以前代表公司去參加什麼國際研討會、行業活動時，提起自己公司很少有人知道，得到的關注度也較少，但加入這家公司以後，自己得到的尊重與認可總是比其他人要多，這讓他感覺非常好。

並且，外資公司有健全的培訓體系與先進的生產技術，馬爾茲確實學到了很多在以前公司學不到的東西。但是，馬爾茲也一直忘不了以前在私企公司的另一些好處：擁有很高的決策力，上級授權充分，同事關係簡單直接。其實，真正讓馬爾茲覺得工作得很開心，還是在私企公司那段時間。現在，馬爾茲仍然與私企公司原來的同事保持著很好的關係，原來的老闆也表示隨時歡迎他回去，薪資甚至可以高於目前的公司。

是繼續在目前的外資公司發展，還是回到私營公司帶領原來的團隊實現新目標好呢？馬爾茲面臨著「鳳尾」與「雞頭」的兩難選擇。

其實，這也是很多職人面臨的是做「雞頭」還是做「鳳尾」的困惑。《易經》隨卦中說：「君子以嚮晦入宴息。」君子要遵從合適的休息時間，白天出外辛勤工作，夜晚回家睡覺安息。也就是說，我們做事必須能根據不同的時機，採用不同的對策，所謂「因時制宜、因地制宜」。一個人有一個人的心態，一個人有一個人的選擇。「鳳尾」、「雞頭」有好有壞，決定做哪一樣應該依個人的情況而定。

一般來說，有個性的人都願意做「雞頭」，因為「雞頭」有更多的自主權，可以掌控更大的發展空間。只要自己的能力可以得到完全發揮，也能打拼出一片明朗的天空。但是，「雞頭」並非人人能當。「雞頭」雖然風光，但要承受很大的壓力，一旦成為一個團體的「雞頭」，就必須對整個團體的生存和發展負責。國內許多企業領導人，他們無一不是具有強烈的使命意識及開拓創新精神，並且擁有強健的體魄，每天工作十二小時以上，壓力非一般人所能忍受。其次，做為「雞頭」，還意味著很多時候將會很孤獨，當我們有些事情自己無法決策想找個人商量時，會發現沒有人能幫得了，因為自己本身就是個風向球，連自己都不懂的事情，又會有誰知道呢？

當我們成為了「鳳尾」，自然而然就會發現自己本身很多方面的不足，身邊高手如雲，與他們同臺競技的時候，剛開始時我們感覺自己會處處受限，但有了他們的薰陶，我們會慢慢地學到遊刃有餘地處理一切問題，在無形當中提高自己的能力。但「鳳尾」也有「鳳尾」的苦惱，雖身在有整體優勢的團體，卻只是其中的一個配角的位置，受制於「鳳頭」，服務於全體，固然也有他的作用，但卻並非舉足輕重。

林子是一個心高氣傲的女孩，從不滿足於現狀。從國家機關到大學老師再到外資企業，林子每隔兩年就跳一次槽，一直有飛上枝頭做鳳凰的決心。林子以前的每次跳槽，在別人看來都是在提升，但最近她卻從一家名企到了一家小公司工作，「寧做雞頭不為鳳尾」。

林子大學畢業後，被分配到一所機關工作，大家都知道，在機關工作都是人多事少，每天都要百無聊賴地從早上九點坐到晚上六點，拿著一張報紙無聊地翻來翻去地看，只有吃午飯時點哪家的便當和午後休息時打撲克牌是一天生活的高潮。辦公室裡上了年紀的人一律被稱為某老師，大家每天談的也都是孩子和菜市場的故事，林子沒有什麼家庭背景，文憑和知識在這裡又敵不過伶俐和察言觀色，這令林子非常苦惱，不知要到哪天自己才會有出頭之日。

一次偶然的機會，林子得知某家業餘大學正在招募老師，於是懷著僥倖心理前去應試，沒想到一舉成功。這下林子終於可以不再朝九晚五地混日子了，而且好歹也是一名大學教師。但是，在學校裡待久了似乎也悶，把自己美好的青春之夜都交給夜校，她有點不捨得。這時，林子又想到一家外資企業去工作，似乎只有在那裡才能激發出自己的活力，實現自己的人生目標。林子在幾個大學同學協助下，如願以償的進入了一家外資企業。

寬敞的辦公環境和令人振奮的工作氣氛都讓林子眼前一亮，但是外資企業和機關、學校不同，裡面人才濟濟，競爭非常激烈，林子在公司裡絕對是個「鳳尾」。因為工作強度大，林子做得很累，每天都是疲於應付，即使有出國學習的機會，輪到她的也是有人不願意去的東南亞。年齡、英文和專業都不具備特殊優勢的她，只覺得鋪天蓋地的壓力讓自己喘不過氣來，自卑自責時時擠壓著她。只有在過去的朋友和同事羨慕的眼光裡，才能獲得一點安慰。他們每每介紹起林子，必定要提到她的公司，公司成了她的招牌，雖然公司裡很多人不知道林子是誰。

在一次上網的過程中，林子發現一家小公司正在招募人手，而自己目前的情況也符合他們的聘用標準，於是前去應徵。沒想到人家看完她的簡歷居然露出驚喜神色，原來這家小廟還沒見過她這樣的大佛呢！對他們來說，這樣的人才可是請都不來的，於是決定高薪聘用林子。備受冷遇的林子感動萬分，她的那點英文使她在這家小小的貿易公司受到了空前的尊重，林子見過大場面，應付公司的各種事務綽綽有餘，不久即成為大家最推崇的人。林子在這裡工作得非常有成就感，也非常開心，從「鳳尾」到「雞頭」，林子終於找到了適合自己的位置。

「鳳尾」和「雞頭」其實都是一種選擇，要看自己的情況適合於哪一種！如果自己是一個喜歡接受挑戰、競爭的人，那麼適合選擇大公司，因為在那些大規模的公司裡，面對同事之間的競爭與合作，已經使你不知不覺中得到了全方位的鍛鍊，而且大公司會提供更多的發展時間與空間。如果自己是一個成熟、獨立、有個性，並愛邊做邊學的人，那麼小公司也許更適合你。總之，無論是做「雞頭」還是「鳳尾」，只要能實現自身價值，學有所用就行。

跳槽還是安守——木上有火，鼎，君子以正位凝命

贏在選擇

《易經》鼎卦中說：「木上有火，鼎，君子以正位凝命。」木上燃著火之表象，是烹飪的象徵，稱為鼎；君子應當像鼎那樣端正而穩重，以此完成使命。跳槽也是一樣，一定要穩重行事，切不可盲動，只有合理跳槽才有助於實現人生的價值。

李珂，一位著名期貨經紀人。做為期貨經紀人，李珂也曾走過一段不平凡的路。一九八七年，李珂畢業於某名校的外國語師範學院德語系。同年九月，他進入德國一家公司，做了一名翻譯。第二年他便跳槽到另一家德國企業任業務經理。一九八九年，公司撤回德國，李珂也因此失業。

一九九〇年初，李珂自費留學德國。在留學期間，生活非常艱難。為了生存，他每天要工作十六個小時，他嘗試過上百種工作如服務生、搬運工等。直到一九九三年九月，李珂才回到家鄉，就職於一家房地產公司。

當時，中國的期貨市場剛剛開放，李珂敏銳地洞察到了期貨行業的前途。同年十月，他又跳槽到

一家期貨公司做經紀人。憑著豐富的知識和善於思考的長處，李珂對期貨市場迅速熟悉起來，並很快累積了一些經驗，對行情的分析也有了獨到的眼光。一九九五年，李珂在期貨市場一炮而紅。這一年他幫客戶在十個月裡用二十萬元賺到了兩千萬元！對當時不夠成熟的中國期貨市場來說，這是一個非常了不起的成績。

李珂最初一宗期貨，是從中國北方的綠豆起步的，當時公司駐北方辦事處的工作人員每次給總部發消息時，李珂的消息總是最準確，漸漸地公司的人越來越依賴李珂，做單之前總是先打電話去北方，「是拋還是買」全由李珂說了算。

多年來，期貨市場上驚心動魄的爭鬥為李珂帶來了豐厚的回報，他已邁進了中國的高收入階層，用他自己的話說：「我已經是中產階級了。」

李珂一九九三年的毅然跳槽，成就了他在期貨市場的地位和成就。他抓住了機會，跳槽成功。如果沒有那次毅然跳槽，那他的人生可能就不是今天的這個樣子。跳槽是升職以及加薪的一種有效方式，是職業發展過程中必然的需求。但對有些人來說，跳槽又會觸發內心隱藏的一絲恐懼：跳好了萬事大吉，要是跳糟了怎麼辦？到時候家人的嘮叨、經濟的壓力、自己的不甘聚集而來，巨大的心理壓力就夠承受的了。

據一項調查指出，如今國內企業的中高層逐漸以三十歲至四十五歲人士為主力，除了在同一個公司穩紮穩打獲得發展的空間以外，跳槽也成為擴大職業發展領域，快速使管理人員成長的一種途徑。但是，跳槽並非是十拿九穩的，它存在一定的風險，如果一個人在連著兩次跳槽失利的情況下，就會產生很大的挫折感，而且這種受挫的心理會被自己有意無意地帶到工作當中，進而影響自己的發展。《易經》鼎卦中說：「木上有火，鼎，君子以正位凝命。」木上燃著火之表象，是烹飪的象徵，稱為鼎；君子應當像鼎那樣端正而穩重，以此完成使命。跳槽也是一樣，一定要穩重行事，切不可盲動。

一般來說，最易發生跳槽的五大原因是「發展空間小」、「待遇低」、「學不到東西」、「領導管理不善」和「不能學以致用」。但無論跳槽的原因如何，追根究底都是想要尋求一個良好的發展空間。隨著年齡的增長，需要考慮的不僅是自己，還有著沉甸甸的家庭責任。良好的發展不但意味著工作起來得心應手，更意味著可以為自己和家人提供良好的物質保障。這是職場中人在跳槽時最根本的出發點。

總之，對職場中人來說，跳槽一定要謹慎，需做好必要的準備，如果缺乏慎重的思量，盲目而莽撞地做出跳槽的選擇，就有可能使自己陷入跳槽的泥沼之中，或因跳槽而減少了經濟收入以及造成人際關係的損失等。跳槽後境況不如先前設想，會帶來極大的壓力，造成晉升方面的損失；或跳槽不對路，導致「英雄無用武之地」。所以，在跳槽前一定要慎重考慮，把跳槽的風險降到最低！

一是不管你的身分高低，合理計畫自己的職業生涯是你的一生都應該追求的目標，職業生涯設計正是為了給自己規劃出一個美好的藍圖。在現今競爭越來越激烈的社會，只要對自己的未來有一個合理的規劃，在每一次機遇來臨之時就能很好地把握，不至於留下一生的遺憾。

二是要為每一次跳槽做好知識和技能的準備。人在同一個職位上「駕輕就熟」，往往容易產生惰性，難免會對長期面對的熟悉面孔和重複工作產生浮躁和厭煩的心理。在這個時候，很容易就有了想要換一個環境或職位的想法，希望有哪個更富挑戰性的新工作出現。事實也是如此，如果能經常接觸新環境或新職位，是有助於拓展思路，激發活力的。不過，在確定「跳槽」之前，必須對將要加盟的職業或職位有一個較清晰的認識，並進行必要的職前「練兵」，補充「營養」，以便成功「跳槽」之後盡快適應新的挑戰。

三是要對新「東家」有一個全面的瞭解。首先，要瞭解公司的性質及規模。一些小規模的企業，內部人員競爭也比較小，員工提升或發展機會就很大；那些大的公司相對來說各項設施、體系都比較配套，但競爭會很激烈。其次，要瞭解未來的老闆或上司，尤其是對你未來的上級要進行仔細瞭解，分析你們對公司的認同是否一致。此外，還要瞭解未來的職位能給自己提供多少薪酬和發展空間。

一般而言，在工作前兩年，最好不要動，要把這兩年時間做為一個累積知識、技能、經驗和人際關係的階段。工作三到五年後，這時你可以憑藉經驗、興趣和性格，嘗試新的感覺。工作五到八年後，你選準一個行業或者一個企業，讓自己穩定下來，和它一同成長。在同一家公司工作十年以上的人，就需要做一個重大決定，是該去創業，還是繼續做一個職業經理人？這時候不要怕「動」，但是要理性地「動」。

跳槽是尋求更好前途的一個方法，但不是目的，它的意義在於找到更適合自己向前發展的道路，因此，我們每一次跳槽，都可以說是對自己職業的全新規劃和對未來發展的目標，所做的一次重新界定和評估。跳槽之前一定要想清楚自己究竟適合在什麼樣的工作環境和職位工作，這次跳槽你想要達到什麼樣的目的，未來的職業發展是否有利等。只在做好了這些準備，你才有了跳槽的資本！

三

選朋友

——大畜，利貞。不家食，吉。利涉大川

《易經》大畜卦中說：「大畜，利貞。不家食，吉。利涉大川。」「大畜」是指豐厚的累積。要想取得豐收，需要天時、地利、人和必備，而人和又是重中之重，豐收需要人才的輔助，需要招賢納士。這是告訴我們，一個人要想在事業中取得更大的成績，身邊必須有一大批能為自己撐得起腰桿子的朋友。真正的好朋友是人生最寶貴的財富之一，所謂「千金易得，知己難求」，在紛繁的大千世界，選擇一個真正的朋友不是件容易的事情。清末名人曾國藩說過：「一生之成敗，皆關乎朋友之賢否，不可不慎也。」所以，我們在選擇自己的朋友時，一定要擦亮眼睛，慎之又慎！

與成功者為伍——

比之匪人

《易經》中說：「比之匪人。」其中「匪」的意思是非、不是，即不正派。告誡人們，不要和不正派的人混在一起，同流合污遲早會惹禍上身。成功者總是與成功者交友，失敗者也總是與失敗者為伍，不幸的人吸引不幸的人，而散漫者的圈子裡也都是散漫的人。

清代學者金纓說過：「人若近賢良，比如紙一張。以紙包蘭麝，因香而得香。人若近邪友，比如一枝柳。以柳貫魚鼈，因臭而得臭。」和什麼人在一起，決定著一個人的思維。失敗者只有站在成功者堆裡，汲取他們致富的思想，比肩他們成功的狀態，養成他們的成功氣質，汲取他們的成功經驗，才能獲得真正的成功。

《易經》比卦中說：「比之匪人。」其中「匪」的意思是非、不是，即不正派。告誡人們，不要和不正派的人混在一起，同流合污遲早會惹禍上身。一個人的成敗順逆，與他所接觸的人有著極其重要的關係。五千多年的中華文明史，留下了許多先人在這方面的真知灼見。《管子．權修》中說：「觀其交遊，則其賢不肖可察也。」《荀子．性惡》中說：「不知其子，視其友；不知其君，視其左右。」

道光十八年，二十八歲的曾國藩考中了進士，之後，「毅然有效法前賢澄清天下之志」。為了實現自己的志向，他一面勤奮於學問，一方面廣交朋友，向師友請教。他深知，一個人的學問、事業受師友的影響非常大，因此平生對於訪師選友，極為留心。他曾在日記中這樣寫道：「安得一二好友，胸襟曠達，蕭然自得者，與之相處，度吾之短。其次則博學能文，能通訓詁者，亦可說明於我。」

從道光十九年到咸豐二年，曾國藩一直在京師任職。這些年間，他結交了一大批師友。比如「極為虛心」的馮樹堂、「沈潛之至」的何子貞、「深思明辨」的吳子序、邵蕙西、「見道極精當平安」的竇蘭泉、「才能幹濟、遠識遠謀」的吳廷棟、「忠心耿耿，愛民如子」的江忠源、「格物功夫頗深、一事一物皆求其理」的吳竹如等等。但對他影響最大的，是大學士倭仁（艮峰）和太常寺卿唐鑑（鏡海）。

倭仁是一個大物理學家，用功最篤實，每天的言行，都有劄禮，見過自訟，一點都不客氣。因此曾國藩也開始和倭仁一樣記日記，經常反省自勵。唐鑑是一個大理學家，他教曾國藩敦品治學，當以《朱子全書》為依據，要在「靜」字上下工夫。師事唐鑑，使曾國藩學有方向。他曾在信中寫道：「我最初治學不知根本，尋聲逐響而已。自從認識了唐鏡海先生，才從他那裡窺見一點學問的門徑。」

「一個好漢三個幫」，有的人之所以成功，是因為朋友的鼎力相助，也是因為吸收了別人的成功經驗。結交了那些良師益友，對曾國藩的學問、修養給予了極大的幫助。後來，曾國藩建功立業，身邊聚攏了一大批才智之士，這為他最終成功，打下了基礎。與成功者為伍，等於是在無形之中為自己樹立了一個目標，只要不斷地向他們學習，自己才能夠向他們靠近，學習到成功必備的一些素質。偉人的朋友也是偉大的。

很多人總是樂於與比自己差的人交朋友。這的確可以得到慰藉，因為在與他們交際時，能產生優越感。可是從不如自己的人當中，是學不到任何東西的。只有結交比能力全面的朋友，才能促使我們更加向成功靠近。我們可以從不如我們的朋友中得到慰藉，但也必須獲得優秀朋友給我們的刺激，以增強勇氣。總之，朋友對於個人進步的影響是很大的。交朋友最好還是經過鄭重地考慮之後再決定。

有個名叫手島佑郎的日本學者，就曾明確表達過自己的一個觀點：「有一種就算是窮得什麼也沒有的人。他們寧願位列一支窮人的隊伍之首做一輩子窮人，也不願跑到一支富人的隊伍之尾去做一會兒富人。」他認為，窮人只有汲取富人致富的思想，感受他們成功的狀態，才能真正實現致富的目標。猶太商人經商的祕訣就是：「與富人做生意，才能賺大錢」。而全球公認的富裕的猶太人則認為，在整個人類中，富人比一般人少，而富人所擁有的財富，比一般人所擁有的財富要多很多。因此，我們想要多賺錢，就要和富人打交道，站在富人堆裡。

生活中有很多的例子可以證明這個法則：經營汽車的企業要比經營自行車的企業賺更多，這是因為買汽車的人都是富人，而買自行車的人都是一般人；做珠寶首飾的生意比做普通服飾的生意賺錢多，因為買珠寶的比買服裝的有錢。所以，世界上做珠寶、鑽石等首飾生意的，猶太人居多。

當然，一般人要想與那些成功者交上朋友，也並非易事，因為對這些成功者來說，每天都會有很多人想與他們結識，而且他們自己本身也很忙，是不可能特意抽時間與你交朋友的。所以，要想結識那些成功者，我們還需講究一定的技巧：

1．注意搜集成功者的資料

比如他們的出生地、過去的生活經歷、現在的地位狀況、家庭成員、興趣愛好、性格特點、處世風格、最主要的成就、最有影響力的作品等等，總之，凡是與他們有關的資料，只要能搜集到的就盡力搜集。這樣，在有幸獲得與他們交流的機會時，就能有的放矢，贏得他們的好感。

2．請中間人介紹

請那些與成功者交往密切的人做中間人引薦，會起到事半功倍的效果，因為他們至少會鄭重地對待你。當然在引薦之前，要讓中間人盡可能地瞭解自己，並獲得中間人的信任和欣賞，這樣他才會積極去引薦。

3．主動出擊

主動出擊，也就是「冒昧」地給那些成功者寫信、打電話，主動提出結識要求，這種方式也不乏成功的案例。不過要注意的是，當我們「冒昧」地給他們寫信而且又希望他們能回賜佳音時，千萬不要忘記告訴對方自己的姓名、地址、電話、E-mail等。

4．出入一流地方

政界要人、影視明星、歌星、球星、富豪等成功者，會經常出入一流的地方，比如高爾夫球場、高級游泳池、保齡球館、咖啡廳、影劇院、音樂廳、高級商場等，甚至高級理髮館、酒吧都有可能是這類人物出入的地方。可以說，這些一流的地方都是結交成功者的理想場所。不過，出入一流的地方，花費也將是「一流」的。如果我們沒有「一流」的經濟基礎，還是不要打腫臉充胖子。

很多人之所以容易失敗，正是因為他們不善於和成功人士交際。事業成功的人，能夠從自己優秀的朋友那裡得到鼓勵和幫助，不斷地使自己力爭上游。不和比自己更優秀的人接觸，實在是人生的極大錯誤。與成功者為伍是我們可能成功的快捷方式之一，那麼我們為什麼不嘗試著一開始就站在巨人的肩膀上，以一個高的起點開始自己的征程呢？

擇友就擇諍友——大君有命，開國承家，小人勿用

《易經》師卦中說：「大君有命，開國承家，小人勿用。」指繼承天命的真龍天子如果要打下江山，就不能用小人。我們在選擇朋友時也是如此，千萬不要與小人為友，而應該選擇能為自己真心付出，在關鍵時刻勇於直言規勸自己的諍友。

在幾千年前，孔子就明確地給我們提供了一個交友的標準：「益者三友：友直，友諒，友多聞；損者三友：友便辟，友善柔，友便佞。」其中所說的友直，就是指諍友，所謂「諍友」，就是勇於當面指出缺點、錯誤，勇於為「頭腦發熱」的朋友「潑冷水」的人。陳毅詩云：「難得是諍友，當面敢批評。」

《易經》師卦中說：「大君有命，開國承家，小人勿用。」指繼承天命的真龍天子如果要打下江山，就不能用小人。我們在選擇朋友時也是如此，千萬不要與小人為友，而應該選擇能為自己真心付出，在關鍵時刻勇於直言規勸自己的諍友。我們的一生會認識很多朋友，寒窗同學、工作夥伴、

情感密友，但真正最難得、最需要的是諍友。諍友之所以可貴，就在於他們不會在你一帆風順的時候去奉承你，而是會冷靜地指出你的不足，以便你戒驕戒躁，在善意規勸的同時為你找出解決難題的辦法；而當人人落井下石，避你唯恐不及的時候，只有他們會雪中送炭，讓你感受到人間最後一絲溫暖。

古人說：「砥礪豈必多，一璧勝萬珉。」意思就是說，交朋友不在多少，而是交諍友。如果人們能結識幾個諍友，那麼前進的道路上，就會少走冤枉路，多出成果，事業發達。古往今來，因聽信諍言而成大業者不乏其例，譬如「以人為鏡」的唐太宗，他深深懂得忠言逆耳但是卻能反映自己的不足的道理。大臣魏徵多次當面直截了當的諫言，唐太宗被搞得下不了臺，曾經幾次動了殺心，想殺了這個總讓自己不開心的大臣，但終因自己明白所謂忠臣就是這樣的良苦用心，才成就了「貞觀之治」的輝煌業績。對此著名詩人白居易曾寫詩讚曰：「功成理定何神速，速在推心置腹人。」中國歷史上著名的「精兵簡政」之策，就是開明人士李鼎銘提出的。如果達不到做「諍友」的境界，他恐怕也不會什麼都敢說。

夏衍在《生活、題材、創作》中寫道：「我們不該把批評家當作敵人，而應該把批評家當作諍友。」在現實生活中，無論是個人或者團體，無論是待人處世還是治國安邦，有無「諍友」都是十分重要的。世上只有百分百的石頭，沒有百分百的美玉，「美玉無瑕」是騙人的。「人非聖賢，孰能無過？」人在一生中有幾次失誤總是難免的，但由於是「當局者」的原因，犯了錯誤往往還不能自知。這時如果沒有局外的諍友直言相告，提出批評，就可能迷失方向，誤入歧途。如果身旁有了直言的諍友，就能在他的幫助下，很快地能從錯誤和迷茫中解脫出來。

當一個人有了權力之後，來巴結的人就會增多，這時，最需要的是能夠直言相勸、指陳利害的諍友，而不是那些阿諛奉承、稱兄道弟的佞友。這也就是古人所說的「千人之諾諾，不及一士之愕愕」的道理。也有的人，手裡握了點權力，就剛愎自用，獨斷專行；有的人喜歡「百分之百的贊成」，欣賞「鴉雀無聲」。結果最終因為自我膨脹，唯我是尊，以致忘乎所以，摔了跟斗。他們忘記了一個事實：無論何人，耳邊永遠不會缺少讚揚的聲音。因為有時候讚揚是一種廉價的行為，那些願意當面直言的「諍友」，卻永遠是少數。而恰恰是這樣的人，才是真正為我們負責，才能真正激勵我們「勝不驕、敗不餒」，取得更大的進步。

不少貪官鋃鐺入獄後都曾懺悔：「這種下場都是我那幫朋友給的。」什麼朋友？實際是佞友。做諍友難，求諍友也不易。要想結交諍友，必須要有雅量。諍友都是耿直之士，對他人身上的缺點和錯誤往往是直截了當地指出，一針見血地批評，不會拐彎抹角，甚至還會帶點火藥味，聽起來會感到不順耳。因此，倘若沒有「從諫如流」的氣度，是結交不到「諍友」的。

要想結交真正的朋友，那麼必須要拿出正視自己缺點和改正錯誤的態度勇氣。那些「諱疾忌醫」者，是無法讓朋友「刮骨療毒」的。這種人對於諍友之言會不以為然，我行我素，即使知錯也不肯改。歷史上西楚霸王項羽，就是一個不聽諍言，容不下諍友，直到眾叛親離，獨身脫逃至烏江邊還死不認錯地說：「此乃天要亡我，非戰之罪也。」試想，這樣的人怎麼能結交到諍友呢？

結交諍友，還要把事業看得比面子更重。只有把事業看得比面子更重要的人，才能是肝膽相照、以誠相待的真朋友。真正的朋友之間，是能做到知無不言，聞過即改；真正的朋友只有信任，沒有欺詐；是以友情為重，患難與共而絕不行苟且之事。這樣的友誼，才是諍友之間的真正友誼。

人一生能遇到的真正朋友可以說是屈指可數。結交諍友需要機緣，擁有諍友是生命的福氣，只有真正的朋友才會真誠的關心我們，真正為我們的失誤難過；也只有真正的朋友才會毫無顧忌地指出我們的盲點和瑕疵，在事業上助我們一臂之力。

背靠大樹好乘涼——

豫，利建侯行師

贏在選擇

《易經》豫卦中說：「豫，利建侯行師。」一個人具有預見性，當然有利於建功立業，有助於達到團隊的目標。「凡事，豫則立，不豫則廢。」不論做任何事情，有預見性、有計畫，就能成功。在攀向事業高峰的過程中，貴人相助往往是不可缺少的一環，所以，我們要想辦法為自己覓得一位貴人朋友，因為「背靠大樹好乘涼」。

有句話說「七分努力，三分機運」，我們一直相信「愛拼才會贏」，但偏偏有些人是拼了也不見得贏，關鍵可能在於缺少貴人相助。《易經》豫卦中說：「豫，利建侯行師。」一個人具有預見性，當然有利於建功立業，有助於達到團隊的目標。「凡事，豫則立，不豫則廢。」不論做任何事情，有預見性、有計畫，就能成功。在攀向事業高峰的過程中，貴人相助往往是不可缺少的一環，所以，我們要想辦法為自己覓得一位貴人朋友，因為「背靠大樹好乘涼」。

「店裡有人好吃飯，朝裡有人好做官」、「朝中有一人，強似拾金銀」……這些諺語都說明了貴人的重要性。「貴人」也許是指那些有著位居顯赫高位的人，也可能是指令我們心儀已久或欲模仿的對象，無論在經驗、專長、知識、技能等各方面都比我們略勝一籌。因此，他們也許是自己的師父，也許是自己的教練，或者是引薦人。如果我們能巧妙合理地利用好這些「大樹」朋友，辦起事來自然如同順水行舟。省心省力的同時，也更容易達到自己的目標。

北齊天保初年，高湛被晉爵為長廣王，拜尚書令，不久又兼司徒，遷太尉，地位顯赫，權勢很大。這高湛乃齊高祖高歡第九子，雖然在諸子中年紀尚幼，但由於他「儀表瑰傑」，高祖尤為鍾愛，因而被封以高位，委以重權。

和士開，清都臨漳人，「幼而聰慧，解悟捷疾」，勤於學習而又「傾巧便辟」。他見高湛未來很可能當上皇帝，於是千方百計接近高湛，攀上這棵大樹，以圖日後有靠。

高湛喜好「握槊」，類似後來的象棋。恰好和士開也精於此道，於是他便時常找機會與高湛對弈。兩人棋逢對手，越玩越上癮，次數也愈來愈頻繁。高湛喜歡音樂，恰好和士開又能彈奏琵琶，他經常為高湛彈曲，往往還邊彈邊唱，清歌妙曲，聽得高湛如癡如醉。高湛喜好談笑，恰好和士開生就一副伶牙俐齒，於是便經常陪高湛胡扯閒說，使得高湛十分開心，兩人越談越投機，親密無比。兩人相交如此，高湛便授和士開為府行參軍。

後來，高湛的兄長齊顯祖文宣帝高洋對兩人的過分親近實在看不下去了，便譴責高湛與和士開「戲狎過度」，不許高湛過多接近和士開，並將和士開遠徙長城。但高湛不斷在文宣帝面前為之求情，後來又授和士開為高巍參軍。

孝昭帝駕崩後，高湛果然繼承大位，史稱武成帝。和士開企盼的日子終於來了。高湛在繼位之前就與和士開打得火熱，即位之後，和士開對他更是「奸諂百端」，因而武成帝高湛對其寵愛一日勝似一日。高湛剛一即位，和士開便「累除侍中，加開府」。後來，高湛簡直到了一刻也離不開和士開的地步。對和士開的賞賜，更是不計其數。

和士開之所以能夠得到武成帝高湛的如此寵愛，就是因為他知道背靠大樹好乘涼，於是千方百計投其所好，主動逢迎，讓對方徹底接納自己，甚至依賴自己，這樣他就有了更多的機會去接近「大樹」，在與「大樹」看似自然的交往中，給自己樹立了強而有力的靠山。

有一份調查指出，凡是做到中、高級以上的主管，有百分之九十的人都受到過貴人的栽培，至於做到總經理的，有百分之八十遇到過貴人，自當老闆創業的，竟然百分之百全部都曾被人提拔過。無論是誰，在他的人生中總會碰到幾個貴人。例如，我們離鄉背井，在一個陌生的地方感到茫然無助的時候，遇到一位高人替我們指點迷津，解決了難題；我們在工作中一直不是很順利，心灰意冷之時，我們開始想打退堂鼓，一位上司卻在這時推了我們一把，設法幫助我們跨過了門檻，重新點燃了我們的鬥志等等。

生活中，很多人都希望能夠找到幾位貴人朋友，以藉貴人之勢，為自己求得某種利益。但是，貴人分許多種，他可能是政界名人，也可能就是我們的上司，而我們的目標也有許多，或許為名，或許為利，也或許是為了生活中迫切需要解決的問題。

當我們尋找貴人朋友的時候，必須講究方式和方法：

首先，我們要學會樂於助人。暢銷書《別自個兒用餐》的作者啟斯．法拉利曾總結出一條最重要的結識貴人之道：「先不要問別人能為我們做什麼？要先問自己能為別人做什麼？」啟斯．法拉利能從一個球場的撿球童，最後成為頂尖企業的領導人，正是憑藉這個方法。

其次，我們要多參與一些團體活動，以此來尋找自己的貴人朋友。在平時，與陌生人太過接近，很容易引起對方的反感，而遭到拒絕。但如果藉助於團體活動，人與人之間的交往便會變得比較順利，能在自然的狀態下建立互動關係。在參加某個團體活動時，如果能成為一個組織者的角色則會更好，這樣就能得到一個服務他人的機會，在為他人提供服務的過程中，自然就增加了與人交流的機會，那麼結識貴人朋友的機率也就理所當然地增加了。

另外，在這個科技快速發達的時代，我們還可以利用網絡來尋找自己的貴人朋友。我們可以在閒暇的時候上上網，建立自己的部落格，有時間就將自己在工作與生活中的體會、經驗、教訓、甘苦寫下來，讓更多的人看到，並相互交流。這樣一來二去，就可以和他人建立很好的「文緣」。而這些網上朋友，在以後很有可能會成為我們生命中的貴人。當然，除了部落格，網上還有很多的交流平臺，比如論壇、msn、facebook等，也是一個結識貴人的好地方。

與暫時不得勢的人交往——同人於野，亨

《易經》同人卦中說：「同人於野，亨。利涉大川。利君子貞。」與人和同，就能亨通暢達，有如順利地渡過巨川大流。但與人和同，並不是一件容易的事情，為了達到「同人」的目的，經常進行感情投資是非常必要的，尤其對於那些暫時不得勢的朋友進行友情投資更為重要。所謂「投之以木瓜，報之以桃李」，只要我們試著去結識和幫助那些暫時不得勢的朋友，最終會獲得豐厚的回報。

人不可能一輩子都一帆風順，挫折、不順遂是在所難免的。人落難正是對周圍的人，特別是對朋友的考驗。遠離而去的人可能從此成為路人，同情、幫助他度過難關的人，他可能銘記一輩子。

邁克是一位律師，因時運不濟，投資的股票幾乎盡虧，在走投無路的時候，他收到一封信，是一家公司總裁寄來的，信中說他願意將公司百分之三十的股權轉讓給他，並聘請他為公司和其他兩家分公司的終身法人代理。他簡直不敢相信自己的眼睛，為了弄清事情的原因，他根據信上的地址找

到了那家公司，總裁是個四十歲左右的中年人。「您還記得我嗎？」總裁一見面就問他。

邁克看了看這位總裁，搖搖頭。總裁微微一笑，從抽屜裡拿出一張皺巴巴的五塊錢匯票，上面夾著一張名片，名片上印著邁克的聯繫地址和電話。

邁克看著匯票和名片努力想了一下，但還是沒想起是怎麼一回事。

「十年前，在移民局……」總裁望著一頭霧水的邁克開口了，「當時我在排隊辦工卡，輪到我時，移民局已經快關門了。當時，我還少五美元的申請費。如果那天因為這五美元讓我失去上工卡，雇主就會另雇他人。正在我一籌莫展的時候，是你從身後遞了五美元上來，我要你留下地址，好把錢還給你，你就給了我這張名片。」

邁克漸漸回憶起來，但是仍半信半疑地問：「後來呢？」

「後來我就進入到這家公司工作，我賺到錢之後，第一件事就是想把這張匯票寄出，但是一直沒有這樣做。因為我闖蕩天下，經歷了太多冷遇和磨難，是這五塊錢改變了我一生的命運。所以，我得好好報答你，不能隨隨便便就寄出這張五塊錢的匯票，因為這五塊錢不再是金錢可以衡量的了。」

故事中的邁克以五塊錢買的原始股票，得到了豐厚的回報。所謂「投之以瓜，報之以李」，只要我們試著去結識和幫助那些暫時不得勢的朋友，未來有一天也許能收到更大的回饋。《易經》同人卦中說：「同人於野，享。利涉大川。利君子貞。」與人和同，就能亨通暢達，有如順利地渡過巨川大流。但與人和同，並不是一件容易的事情。為了達到「同人」的目的，經常進行感情投資是非常必要的。

俗話說得好：「冷廟燒香。」也就是說，燒香最好要找那些平常沒人去的冷廟，熱廟因為燒香人太多，你去燒香，也不過是眾香客之一，那麼神對你也就不會有什麼特別的印象和好感。所以一旦有事相求，祂對你只以眾人相待，不會特別照顧。而進冷廟燒香，就大不相同了。冷廟因為平時門庭冷落，無人禮敬，如果你很虔誠地去燒香，祂對你肯定特別在意。一旦你有事求於祂，祂念在你平日燒香的熱忱，自然會特別照應。假如有一天風水轉變，冷廟成了熱廟，神對你仍然會特別看待的，不會把你當成趨炎附勢之輩。

當在我們落魄的時候還相互扶持的朋友，才是真正的朋友。一個人在失勢之時，經常會遇到「牆倒眾人推」的局面，原來與他交往密切的人都離他而去，若此時的我們能伸出援助之手，那才是真正朋友該做的。對失勢的人說一句暖心的話，就像對一個將倒的人輕輕扶一把，可以讓他得到寬慰和支持。

某藥業公司的業務員小鄭去拜訪一家醫院的張主任，在醫院的走廊裡，碰到了一位相識的醫生，問明來意後，那位醫生攔住他說：「唉，你不用再拜訪他了，他已經被免職，調到了後勤部，現在是由朱醫生暫時代理主任的職務。」原來，張主任是這家醫院的傑出專家，性格暴躁，有點恃才傲物，據說幾個月以前和院長吵了一架，淪落至此也是意料之中的事。老張是他的老客戶了，跟公司做成了好多筆生意，現在他下了臺，小鄭覺得挺可惜的。看來，得重新燒香拜菩薩了。

但小鄭轉念一想，覺得還是應該先去拜訪一下被免職的張主任。新上任的朱代主任遲早要去拜訪，可是下去的這位現在不去看他，以後再見面可就尷尬了。這種「人一走茶就涼」的事，可是最傷人心的。何況，萬一老張又回來了呢？所以他問明了新、舊兩位主任的辦公室位置之後，還是帶著準備好的禮品先敲響了前任主任的門。

見到小鄭，張主任感到有點驚訝，無可奈何地說：「是小鄭啊！我現在已經不管事了，你有事還是去找新主任吧！」

「新主任我下次會去拜訪，今天我是來看望您的。」小鄭拿出禮品熱情地說。

「看望我？」張主仟苦笑著說：「我現在還有什麼可看的？既不是主任，什麼事也無法管了。」

「別這麼說，好像您不在職了我們之間就沒別的關係了。您的事我也聽說了，可是我不知道您也會這樣子意志消沉。」小鄭放下禮物說。

「你看我現在這個樣子，怎麼可能還像以前那樣意氣風發呢？」這位主任顯然牢騷滿腹，一時還不適應角色調整。

小鄭又關切地勸道：「不當主任，您還有自己的專業啊！您照樣是傑出專家。不當主任，關起門來鑽研學問也不錯啊！要是每個人都像有您這樣的想法，那我們這些年輕的大學生們因為不能從事本專業，豈不是都不用活啦？」

聽到這話主任愣了一下，他萬萬沒想到一個小小的業務員，竟然有這樣的覺悟，不禁一陣感動。

小鄭接著對主任說：「其實很多時候環境是無法改變的，我們一定要改變在面對逆境時的態度。不論在什麼環境條件下，我們都應該盡自己最大努力去發揮，這樣才不會後悔。」小鄭憑著自己年輕的那腔熱血，對這位前主任好好開導了一番，有些話雖然說得有點刺耳，但是對這位原主任來說已經足夠了。

畢竟是傑出專家，僅過了半年，老張又恢復了原職。這時候，小鄭的業績可想而知了。後來，小鄭因為工作成績被公司調往了別的地方，張主任還念念不忘，仍多次到他的公司打聽他的情況。

我們也看到有些人平時就總喜歡結交那些炙手可熱的人。其實，有時候找些平常沒人去的冷廟燒燒香，通常會有意想不到的效果。由於萬事順利、春風得意的人，人人都想與之結識，都想與其交上朋友，一方面他也顧不過來，另一方面他也無法與巴結他的人成為真正的朋友。但是，如果與一些因為種種原因而暫時不得勢的人交往，並成為好朋友，那就完全不同了。就像買股票一樣，買了最有價值的原始股，就像向「冷廟」燒香的道理一樣，一旦他日後否極泰來、時運亨通，第一個記起來的就是你，他第一個要還人情的當然也是你。

與朋友相處之道即是如此，不要因為他人一時失勢，就遠離於他。對待落魄、失勢者的態度，不僅是對一個人交際品德的考驗，而且也是建立自己良好人際關係的一個重要契機。世事滄桑，複雜多變，起起伏伏，實難預料。昨天的權貴，今天可能成為平民；那些達官顯貴、富豪鉅商們，也許就在一夜之間一貧如洗了……我們的朋友當中，有沒有懷才不遇，或是暫時失勢的人，如果有的話，那麼我們不要冷落疏遠他們，而應該伸出熱情之手，真誠地給予他們幫助和關心，日後當我們需要他的時候，他一定也會義無反顧地挺身而出。

「人情冷暖、世態炎涼」。何不趁自己有能力的時侯，多去接納那些可交的失勢之人，使之能為己所用，這樣的發展才會無窮。

交朋友要有彈性——澤中有雷，隨，君子以嚮晦入宴息

《易經》隨卦中說：「澤中有雷，隨，君子以嚮晦入宴息。」就是說，澤中有雷聲，澤隨從雷聲而震動，這就是象徵隨從。君子要遵從合適的休息時間，白天出外辛勤工作，夜晚回家睡覺安息。就是要求我們處事要靈活，要有彈性，不要太固執。交朋友也是一樣，友情就像彈簧一樣，保持適度的距離以及適度拉伸和壓縮，才會保持永久的彈性美。

「花紅易逝，流水無痕」，這不單可用來隱喻愛情，人世間萬事萬物都有一個「度」，只有放棄甘飴一樣的濃密，才能有細水一樣的長流。要想朋友之間的友情長久持續，就得有適當距離做保障。哲學家沙特也曾對人類相處無過一個絕妙的比喻，他認為，人與人之間的關係，就像我們聽過的那則關於豪豬的故事：由於天寒地冷，牠們彼此拼命地擠在一起，以保持溫暖，同時，牠們又必須保持一定的距離，因為湊得太近，牠們身上的那些刺便會造成彼此的傷害。

從前，有一位老木匠，他在教徒弟的時候有一個口頭禪：「注意了，留一條縫隙。」木匠是和木材打交道的，木材的構造有紋理，因此那些木匠們都特別注重疏密有致、黏合貼切，該疏則疏，不然容易散落。如果沒有做好處理，房子的木地板就會出現開裂或擠壓拱起的現象，也就是我們常說的太「圓滿」的緣故。一個聰明的木匠師傅都懂得在黏合地板的時候，應合理地留下一點縫隙，給那些組合的材料留足空間，這樣就可以避免裝修後出現各種問題。

德國哲學家黑格爾說過：「距離產生美。」交朋友的道理和裝修房子的原理是相通的，都講究留出一定的空間。朋友間能建立一份真誠的友誼，的確是一件美好的事情。「伯牙鼓琴，子期知音，高山峨峨流水。」有了這份相知相惜的情誼，才能夠承受得住風雨的吹打，歲月的磨礪。

《易經》隨卦中說：「澤中有雷，隨，君子以嚮晦入宴息。」就是說，澤中有雷聲，澤隨從雷聲而震動，這就是象徵隨從。君子要遵從合適的休息時間，白天出外辛勤工作，夜晚回家睡覺安息。就是要求我們處事要靈活，要有彈性，不要太固執。友情就像彈簧一樣，只有保持適當的距離以及適度的拉力，才會使之保持永久的彈性美。如果車距太緊，就容易出車禍；人與人走太近，則會出現矛盾；承載火車的鐵軌接頭之間也要留有縫隙，以應對熱脹冷縮的變化。適當的距離不僅是必要的，而且是必須的。

什麼才是保持距離呢？也就是說，朋友之間不要太過親密，不要整天黏在一起。心靈是貼近的，但彼此的身體接觸該有一定的距離，這樣才能給彼此留有一定的自由空間。這種距離就是給對方的尊重，有了尊重也就有了禮，這個禮便是為了防止因彼此間的碰撞而產生傷害的緩衝。因此，我們與朋友相處的時候，一定要記得一個道理，也就是「距離效應」。

保持一定的距離是維持友情最重要也最微妙的空間，一旦空間被擠壓、被侵佔，友誼的大廈就會倒塌。但是令我們遺憾的是，有些人根本就不懂得朋友間這種距離的重要性，恨不得日日夜夜泡在一起，這便是犯了交友的大忌。有許多人遇到過這種情況，朋友的熱情讓我們害怕甚至懼怕。《友誼自天而降》一書曾說：「朋友之間各自的家庭、工作和其他社會環境，都不盡相同。做為朋友，如果不考慮他人的感受，不站在他人的立場上給予理解，總是以自我為中心，強求朋友經常在一塊兒與你廝守，勢必會給他帶來困難。」人是社會群居的高級動物，在這個社會群體裡他們不能沒有朋友，但是友誼應該把握好親密度，不可太過，否則會適得其反。

也許有人會說，好朋友就應該同穿一條褲子，親密無間！大家這樣想雖然也不錯，表示你是一個肝膽相照、有情有義的人。但問題是，人心都很複雜，我們這麼想，我們的好朋友未必這樣想；到最後，不是我們不要朋友，而是朋友受不了我們！

兩個人能成為好朋友，只說明兩個人在某些方面具有共同的目標、愛好或見解，以及心靈的溝通，但並不能說明兩個人之間是毫無間隙、融為一體的。交友往往是一個彼此氣質相互吸引的過程，因為兩個人有共同的「東西」，所以一下子就越過鴻溝而成了好朋友，甚至「一見如故，相見恨晚」。但是我們應該清楚，兩個人之間再怎麼相互吸引，雙方還是有些差異的，因為兩個人彼此來自不同的環境，受不同的教育，因此人生觀、價值觀再怎麼接近，也不可能完全相同。當兩個人從開始的彼此欣賞到瞭解的蜜月期過去後，便無可避免地要碰觸彼此的差異，這種情況就是雙方從尊重變成容忍的一個過程，最終會演變成要求對方這樣或那樣！這種要求一旦如願，便開始毫無顧忌地挑剔、批評對方，最後導致友誼結束。

人都有這樣的弱點：未得到時，總想得到；未靠近時，總想貼在一起；真正得到和靠近時，卻又太過苛求。好朋友的感情和夫妻的感情很類似，也許會因為一件小事就能造成感情的破裂；所以，朋友之間要能長治久安相處的祕訣，就是距離，絕不是頻繁的接觸。人的情感有時像刺蝟一樣，彼此靠得太近就會相互傷害，離得遠一些才會有所牽掛。因為這種若即若離的牽掛，兩個人的友誼才能長久保持。

當然，朋友之間的距離也不能太過。有時太過保持距離也會使雙方疏遠，尤其是商業社會，大家都很忙，很容易就忘了對方。因此對好朋友，也要經常通通電話，瞭解對方的近況，偶爾聚在一起吃吃飯，聊一聊；否則，大家就會從好朋友變成朋友，最後變成僅僅是相識的人了。

所以，朋友與朋友之間的交往，是需要一些空間來維繫的，有時太多親近，就會不小心失了分寸，造成彼此的緊張和傷害。如果我們已經有了好朋友，就得避免與其太接近而產生傷害，這個時候就不如保持些距離。保持距離才能有彼此的禮讓，也會不由自主地去尊重對方。所以，為了友誼，為了人生，我們不要怕孤單、寂寞，要在人際交往中和朋友保持一定距離，避免因過分地親密而失去朋友。

什麼朋友不可交——改邑不改井，乃以剛中也

贏在選擇

《易經》井卦中說：「巽乎水而上水，井。井養而不窮也。改邑不改井，乃以剛中也。羸其瓶，是以凶也。」村鎮可以搬遷，但水井無法移動，人們來來往往打水，井水總是不增不減。井快乾涸，亦未即時淘井，會困住汲水的瓦瓶，所似凶險。以井為喻，告訴我們為了最大地發揮自身及物的作用，一方面要修身養性，另一方面要對物進行即時的清理。不良朋友就像井中的淤泥一樣，同樣需要即時清除。

清末名人曾國藩曾說過：「一生之成敗，皆關乎朋友之賢否，不可不慎也。」《易經》井卦中說：「巽乎水而上水，井。井養而不窮也。改邑不改井，乃以剛中也。羸其瓶，是以凶也。」村鎮可以搬遷，但水井無法移動，人們來來往往打水，井水總是不增不減。井快乾涸，亦未即時淘井，會困住汲水的瓦瓶，所似凶險。以井為喻，告訴我們為了最大地發揮自身及物的作用，一方面要修身養性，另一方面要對物進行即時的清理。不良朋友就像井中的淤泥一樣，同樣需要即時清除。

朋友是生活中不能缺少的部分，能夠給我們帶來很大的幫助。但一定要注意的是，到底什麼樣的朋友可以交，什麼樣的朋友不可交，因為並不是什麼人都可以當朋友。古人云：「近朱者赤，近墨者黑。」這個道理古今貫通。交友不慎，勢必會給自己帶來無盡的隱患。

以下幾類人是不適宜做朋友的：

1．嫉妒心太強的人

英子和麗子同為一家文化公司的編輯，平時兩個人關係極為融洽，無論在工作上還是生活上，兩人都會互相幫助。

英子比麗子早來公司一年，而且工作業績也不錯。因此，很多同事都認為英子先有獲得升遷的機會。但是麗子為人隨和，工作積極，做事主動，並且有豐富的創造力，也頗受上級的賞識。後來，麗子被提拔為公司的副主編。

人們都說，女人的嫉妒心理最強。顯然，麗子的提升讓英子非常嫉妒。她沒有帶給麗子什麼祝福，兩人的關係也越來越不和諧了，而且英子總是在背後說麗子的閒話，還把自己與麗子之間的事情寫在部落格上，以此來發洩自己的不滿。

麗子從英子的部落格中也看到了英子內心透露的不快，很想盡力挽救這場友誼，可是英子根本不給她機會。

一天，英子看見麗子和公司老闆一同從遠處走過來，心裡十分不快，於是酸溜溜地對身旁的幾位同事說道：「快看，麗子是不是已經成為老闆的小情人了！」

英子的話語並沒有引起共鳴，相反，同事們紛紛向她射出鄙視的眼神，英子頓時感到無地自容，逃似的離開了同事們，最後被迫辭職了。

著名心理學家佛洛依德認為，人一生中，面對一切不利因素的影響，最能使人短命夭折的，就是那些如憂慮和嫉妒產生的不好的情緒和惡劣的心境。一個嫉妒心太強的人，是很難交到朋友的，即使英子轉聘其他的公司，如果她仍然持有這種心態，不容別人比自己強的話，她依然會待不下去。和英子這樣嫉妒心太強的人交朋友，當我們和她站在同一地平線上的時候，她可以和我們親密無間的往來。當我們發達了，地位比她高了，她的心理就會不平衡。這時候她會無理取鬧地憎恨我們，在背後說我們壞話。或在暗處不斷給我們製造小麻煩。這樣的「朋友」往往比敵人更可怕。

2．自私自利的人

某位虔誠的教徒向伊里亞請教：「哪裡才是天堂，哪裡算是地獄？」

伊里亞微笑著看著這個人，卻沒有立即回答他，而是把他帶到一座大廳。他們看到大廳的中央架著一口大鐵鍋，裡面盛滿了湯，鍋的下面還有燃燒著的火，整個大廳中瀰漫著湯的香氣。大鍋周圍擠著一群兩腮凹陷、閃著飢餓貪婪目光的人。他們每個人手裡只有一把一公尺多長的大勺子，飢餓的人們拼命用勺子在鍋裡舀著，不過由於勺子柄太長了，很難靠到嘴邊去喝，並且那樣的長勺子很容易碰到周圍的人，甚至會把湯撒在別人身上。其中有些人發生了爭吵，吵嚷中就揮舞著長勺子大打出手。

伊里亞對那位教徒說：「這就是地獄。」

教徒似乎不解，於是伊里亞帶著他又進入另一間大廳。這裡也有許多人，在大廳中央同樣放著一大鍋熱湯。就像地獄裡所見的一樣，他們手中也有一把同樣的長勺子，但這裡的人營養狀況都很好。這位教徒看到他們也同樣在鍋裡舀著湯，但是卻不是為了給自己喝，而是微笑著把勺子裡的湯，伸到鍋對面，讓對面的人去享用。這裡的人安靜地喝著湯，大廳中洋溢著祥和、愉快的氛圍。

伊里亞對他的教徒說：「這就是天堂。」

那些心胸狹隘、唯利是圖的自私鬼，都生活在地獄中，他們因為自私不懂得美好的一切是用來分享的，無論如何也喝不到湯。這就是自私者的結局！像這樣的自私鬼，在生活中多得是，見其要遠之，不然後悔莫及了。

3．輕諾寡信的人

從前，有個商人乘船過河，忽然狂風驟起，大雨傾盆，商人不小心被一股大浪打落水中。商人在水中掙扎呼喊：「救命呀！」

一個在附近捕魚的漁夫聽到他的喊聲，趕忙把船搖過來救人。商人看到漁夫，大聲喊道：「快救我，我給你一萬塊錢。」

漁夫把商人救起來後，商人只拿出一千塊錢送給漁夫，說：「拿去吧！這一千塊錢也夠你辛苦半年了。」

漁夫看著商人，沒有伸手去接那一千塊錢，他說：「剛才你不是喊，把你救起來就給一萬塊錢嗎？怎麼只給一千塊呢！」

商人滿臉不高興地說：「你不能太貪心了，在這裡你每天打魚能賺幾個錢？現在一下子撈了一千塊錢，你也該知足了！」

漁夫也不高興地說：「你剛才就算不說給一萬塊錢，我也會救你一命的，但你既然說給一萬，我希望你不要失信。」

商人搖搖頭，扔下那一千塊錢，不再理會漁夫。漁夫長長嘆了口氣，只好拿著那點錢回到了船上。

誰知幾年後，那個商人又在此處乘船過河，碰巧在河中與當年救自己的那個漁夫相遇。這時，水面忽然又狂風大作，商人的船又翻了，商人抱著一截木頭大聲對漁夫說：「快來救我，這次我給你三萬塊錢銀子，保證再也不失信了。」

漁夫搖著頭緩緩地說：「叫信得過你的人來救命吧！我不要你的錢，可是也不救你這種無信無義之人。」

很快，商人便消失在滔滔河水中央……

君子一言，駟馬難追。做人要言而有信。如果不守信用且拋棄信用，到頭來還會搬著石頭砸自己的腳，就像故事中的商人一樣。在生活中，有很多人當面喜歡誇口說大話，過後什麼事都不辦，毫無誠信。我們在選擇朋友時，絕不能選擇這樣的人。

4．奉承諂媚的人

中國蒙牛集團的總裁牛根生先生信奉一句話：「聽不到奉承是一種幸運，聽不到批評卻是一種危險。真正的朋友應該說真話，不管他的話多麼尖刻；我們也要認真分析他的話有沒有道理。那些阿諛奉承雖然沒有牙齒，卻能吃掉人的血肉。」那些奉承諂媚的人表面上顯得熱情十足，處處投我們所好，骨子裡卻另有所圖，這種情況下，我們必須睜大雙眼看清這類人的真面目。

此外，還要留心那些口蜜腹劍型的人。這種人當面把你當作真心朋友，但只要有損於他的一根毫髮，可能馬上翻臉。愛搬弄是非的人也不可交。有些人本事不大，搬弄是非的能力很大，好傳閒話，甚至無中生有。對這樣的人一定要避而遠之。不孝敬父母的人也不可交。這類人對自己的父母不聞不問，不能盡忠盡孝，那他對朋友更是如此。

以上就是我們在生活中要遠離的幾種人，交朋友一定要細心挑選，要努力與那些樂觀肯定、富於進取心、品格高尚和有才能的人交往，這樣才能保證我們擁有一個良好的生存環境，獲得良好的精神食糧以及朋友的真誠幫助。

之體于心行于身
苦心探索之意是為

四 選愛情

——王假有家，交相愛也

《易經》家人卦中說：「王假有家，交相愛也。」「假」是大的意思。君王擁有天下的大家庭，使天下人相親相愛。說明一家人應當相親相愛，和睦共處。但要做到這一點，就必須要選擇一個合適的情人。一個人一生當中最大的幸福在於選對兩件事，一是找對企業、找對老闆；第二件事就是找對情人。為什麼呢？當太陽升起時我們與老闆共事，當日落西下時我們與自己的情人相擁。選好人生的另一半，既是對社會的貢獻，也是對自己對另一半對自己家庭負責。

江山與美人——

需，有孚，光亨，貞吉。利涉大川

贏在選擇

《易經》需卦中說：「需，有孚，光亨，貞吉。利涉大川。」這裡是告訴我們，人要學會耐心地等待，不能動搖。年輕的時候，事業更重要；成熟些再戀愛更好。

愛情與事業，對一些人來說，是可以兩全其美的，這也是很多人心目中的一種理想狀態。但是，理想和現實畢竟有一定的距離。對在異地發展，與戀人分隔兩地的人來說，想要事業、愛情雙豐收確實有一定的難度。

在美國工作的肖林正面臨著事業與愛情的抉擇：一邊是大有前途的工作，一邊是真心相戀的女友。肖林一直認為事業與愛情是可以雙豐收的，但在大學畢業一年後他才發現，其實，魚和熊掌是很難兼得的。

肖林和木子一起長大，小學、中學是最好的朋友，到大學時理所當然的成為了一對戀人，兩人深深地相愛著。肖林曾無數次地在心中暗暗發誓，今生一定要好好努力，做出一番事業，爭取事業、愛情雙豐收。

大學畢業後，肖林隻身來到美國的某廣告企劃公司，而木子則回家鄉工作。但分離並沒有拉遠彼此的距離，兩人每天都會聯繫，互吐思念之情。肖林在大學學的就是廣告企劃，因此很快就適應了公司的運作。畢業不到一年，他在成功地進行了一次廣告企劃後，被任命為公司廣告部的主管，前途無量。成為部門主管的肖林，為了盡快實現事業、愛情的雙豐收，更是加倍努力工作。

但就在肖林一心一意忙著事業，為自己的計畫而奮鬥時，木子卻突然告訴他，父母催她去相親，對方的條件還不錯，而且她自己也已經習慣了家鄉的步調，不想再出去闖蕩，也不想過兩地分居的生活，因為思念太痛苦，她希望肖林能回來與她一起生活。當天晚上，肖林陷入了深深的思考之中：回去，自己很難割捨這剛剛起步的事業，而且自己已經習慣了美國的快節奏生活；如果不回去，他又忘不了自己深愛的女友，放不下那份刻骨銘心的愛情！

以前，肖林常聽別人說大學裡的戀愛大部分都不會有結果，他還不服氣，認為自己一定能修成正果，沒想到畢業才一年就這樣，難道事業和愛情真的不能兩全嗎？

事業與愛情，在我們的一生中有著密切相關的兩個重要面向。成功的事業，除了能讓我們衣食無憂外，還能給我們成就感，實現自己的人生價值。而愛情，卻能給我們帶來幸福的家庭生活。當事業和愛情出現衝突的時候，到底是要事業，還是選擇愛情呢？大家都明白，如果選擇了事業，我們將不再擁有那份刻骨銘心的愛情；如果選擇愛情，我們的事業便會一片空白，由此帶來的愛情也將是極不穩定的……那麼我們到底該怎麼選擇？玫瑰、事業孰重孰輕？

有人會認為，在這個世界上，沒有什麼比功成名就更重要，為了事業，他會放棄一切來達成目的，愛情、親情都要靠邊站！也有人會認為，在這個世界上，愛情、親情才是最重要的，只有那些有著幸福家庭的成功人士，才是真正的成功者；那些追逐名利、追求物慾的人，往往在追逐的過程中迷失方向，權力越大，貪念也越大，最後在追逐事業顛峰的過程中，丟失了愛情、親情，也走向了萬劫不復的深淵！

當然，每個人都有他們自己的人生態度，很難分清誰對誰錯，但是每一個人，都會有他們的選擇。但我們認為，人在年輕的時候，事業更重要。一個人在年輕力壯熱情四射毫無羈絆時，我們可以把自己所有的時間和精力都投入到學習與工作中。要是有雄心壯志，說不定正是我們一展鴻圖之時。有句格言說得好：「有愛情的生活是幸福的，為愛情而生活是危險的」。不過，年輕時若把愛情看得高於一切，那不僅會傷害和破壞愛情，還很容易葬送人生及事業。被俄羅斯人公認的文學之父——那個偉大的詩人普希金，就是為了追求莫斯科第一夫人娜塔利亞，在一次跟別人決鬥時，最後飲彈身亡，毀滅了輝煌的事業與人生。

尤其是對現今年輕的大學生們來說，一定要懂得這一點。有的學生進入大學後，置學業於不顧，把談戀愛、建立家庭視為頭等大事，制訂了「一年級看，二年級找，三年級挑，四年級定」的四年計畫，也有學生把戀愛當成「迪士尼樂園」，尋求刺激，這都是本末倒置的。大學階段正是處在人生成長的重要階段，這個時段的主要任務是學習科學文化，完善知識結構，培養鍛鍊能力，如此才不至於在未來生存的競爭中被淘汰。但在許多調查中卻發現，大學生厭學主要有兩個原因：一是常想異性朋友，二是有孤獨感。因此，當事業與愛情發生矛盾時，大學生應盡量克制自己的感情，以學業為重。

對於已經走入社會的年輕戀人，也應全力以赴的奔向事業的戰場，千萬不能為了一時的浪漫而暈頭轉向，什麼是浪漫？浪漫就是慢慢地浪費時間。我們都應該認識到，年輕時，愛情只能從屬於事業。別林斯基說過：「如果我們的生活、工作的目標僅是能否得到個人幸福，而我們的幸福又僅限於一次愛情經歷，那麼生活就變成一片遍布荒蕪的枯塚和破碎心靈的真正陰暗的荒原。」

《易經》需卦中說：「需，有孚，光亨，貞吉。利涉大川。」這裡是告訴我們，人要學會耐心地等待，不能動搖。年輕的時候，事業更重要，等心智成熟些再戀愛更好。現在就算三十多歲甚至四十出頭才結婚，也沒有什麼奇怪的。晚婚可以讓我們為將來能擔負起家庭的責任和義務做好準備，也更有可能讓我們實現自己最重要的目標和人生價值。這樣我們就有機會完全成長，不至於老覺得自己錯過了什麼。而且我們還能因此甩去青春的無知，展示成熟的自信和睿智。

沒有完美的樹葉——

地勢坤，君子以厚德載物

贏在選擇

《易經》坤卦中說：「地勢坤，君子以厚德載物。」大地地勢順天而行，君子應效法大地，憑著寬厚的德行來容載萬物。世界上根本就不存在完美情人，不要被那個虛幻的影子迷惑了自己。現實中的人總會存在或多或少的毛病，要學會寬容，要學會去欣賞情人內在的美，那才是永恆的魅力。

有智的未必有錢，有錢的又未必有智，有貌的未必賢慧，而賢淑的又未必漂亮，生活就是如此。天時、地利、人和，很難達到三者合一，愛情也一樣，很難達到理想中的狀態。過分追求完美，只會堵死愛情的通道。有句話是這麼說的：「如果有誰認為有十全十美的愛情，他不是詩人，就是白癡。」

有一位老人整天滿臉愁容，七十歲了還沒有結婚，還在到處旅行、流浪，似乎在尋找著什麼。有人問他：「您這麼大年紀了，還在四處旅行、流浪，是在尋找什麼東西嗎？」

他回答說：「是的，我正在尋找一個完美的女人，然後娶她為妻，與她一起生活！」

那人就問他說：「你去了世界上那麼多地方，尋找了那麼多年，難道真的從來沒有遇到過一個完美的女人嗎？」

老人悲傷地說：「有的，我遇到過一個完美的女人，那是僅有的一個，我也很愛她。」

「那，你為什麼沒和她在一起呢？」

老人又不無遺憾地說：「可是，她說她也在尋找一個完美的男人，但我不是！」

這個故事中的男、女主角，都在極力追求那種至真至純的愛情，他們渴望能在生活中遇到一個自己夢想中完美的情人，但結果卻事與願違。在生活中，很多人心裡都預設了一個完美無缺的「理想情人」形象，有些人甚至會在戀愛過程中千方百計地找尋這一形象，而陷入自己編織的美夢當中，陷入一種完美的幻想中。

當然，有這種心態不難理解，每個人都有追求完美的慾望，對於情人的要求就更高。然而，理想和現實總是有一定的差距，十全十美的人在現實中根本不存在，情人也會有或多或少的缺點。再怎麼愛對方，日久之後也難免有些不滿足，並開始在心頭造句：「如果再有錢一些，那就更好了；他的脾氣再好那麼一點點，那就完美了；如果她再溫柔一點，那就好上加好了；如果她能夠做飯做得像我媽那麼好吃，簡直就是我夢寐以求的人了……」這就給他們帶來了錯覺，認為自己沒有找到合乎理想的情人。

哪個少年不多情，哪個女子不懷春，其實每個人都渴望從愛情裡得到安全的港灣與愛的滋潤，並以此逃避孤獨。女人尋找的是「白馬王子」，男人尋找的則是才貌雙全的賢妻良母，他們對愛情與婚姻抱有過高的期望，而有了這種過於理想化的觀念，往往讓許多人成了愛情的俘虜。在愛情的領域裡確定一個標準，絕不是贏得愛情的正確方法。過於追求完美，只能導致失敗。因為世間沒有一個情人是完美的，也沒有一份感情是毫無瑕疵的，即使有這樣一個人，在我們心目中絕對完美，沒有一絲缺點，我們敬畏他（她），但又渴望親近他（她），這種感覺不叫愛情，而是「崇拜」。

處在愛情中的男女，常常都渴望自己的另一半是一個沒有任何瑕疵的人，卻從來沒有想過自己是不是很完美。想要對方給自己很多愛，卻不知道應怎樣為對方付出。他們常常渴望短暫的熱情能一直延續下去，可是愛情卻如一條緩緩流淌的小溪，在和情人一起走過很多歲月後，波瀾不驚地滋潤著我們的生命。

在電影《超完美嬌妻》中，女主角本是一位女強人，但為了家庭的幸福，不得不回家扮演妻子的角色，與丈夫到一個完美的小鎮定居。當他們來到這個小鎮後，發現小鎮裡的每位妻子竟然都是金髮、細腰、豐臀、甜美可人的完美女人：每日做著可口的飯菜；把家裡收拾的井井有條；總以最美麗的姿態出現在丈夫面前；不干涉男人的世界；男人怎樣頤指氣使也一樣溫柔……

這位女強人本來也打算效法她們，做一個完美的妻子，以挽救婚姻。但有一天她不小心發現，這是一個可怕的陰謀：鎮裡所有的丈夫為了得到一個完美的妻子，都把自己的老婆改造成了機械人！更可怕的是，連她的丈夫也受不了「別人都有超完美老婆」的誘惑，而想把她改造成一個機械人。但在最後關頭，她丈夫終於良知發現，仍然選擇了一個有愛、有恨、有血、有淚的真太太，與妻子一起拆穿了完美小鎮隱藏的邪惡計畫。

很多人都像《超完美嬌妻》的那些丈夫一樣，把婚姻看成一場改造計畫，要求對方竭盡全力地配合自己的種種需求來改變，都是得了「完美病」，得了這種病的人，其實是最缺乏愛一個人的能力，是最自私的人。我們要明白這個道理，所謂的「理想情人」是根本不現實又不合理的，我們能感覺到的、觸摸到的愛情，才是最現實的。凡是人，沒有義務為了任何人變得完美，即使是愛到深處無怨尤。

人生可能會遇到很多遺憾，其實這用不著傷心難過，或者千方百計進行彌補。缺憾有時候是另外一種圓滿。愛情總在不經意間就來到了我們身邊，不要為對方的學歷不高、長相不好而難過。追求完美只是一個永遠的夢想，這個世界上根本就沒有完美的男人和完美的女人。有人說：「沒有完美情人，才有完美愛情」，如果你正在愛情的憧憬中，或是已身在愛情的遊戲裡，請記住兩句話。越是追求完美，離完美的境界就會越遠，不完美的才是最真實的。

《易經》坤卦中說：「地勢坤，君子以厚德載物。」大地地勢順天而行，君子應效法大地，憑著寬厚的德行來容載萬物。珍惜和寬容我們身邊的人，雖然他（她）有或多或少的缺點，但是他（她）是愛你的人。如果你也愛他（她），如果和他（她）在一起你感覺到安全和快樂，那麼你就好好珍惜她（他）。殘缺也是一種美，我們都相信，愛情不能完美，但愛情可以更美！

最好的不一定最適合——系小子，失丈夫

《易經》隨卦中說：「系小子，失丈夫。」意思是說繫住了小子，但失掉了丈夫。小子與丈夫相對，喻小孩與成年人。其義指得小失大，多譬喻行事得不償失。人要看得遠，想得開，尤其不能為眼前利益所束縛。選擇情人也一樣，雖然對方條件非常好，但並不一定適合自己。我們不能為了眼前的喜好而犧牲終身的幸福。對愛情來說，適合自己的才是最好的。

人總是希望得到最好的，但是越好的東西獲得的成本也就越高，承擔的風險也就越大。「適合自己的才是最好的」，找準自己的定位，讓付出和收益達到最佳效果，也就是找到最適合自己的愛情和事業。特別是愛情這句話最值得思考。

有一個虎背熊腰、五大三粗的男人來到婚姻介紹所尋找情人，工作人員很熱情地接待了他，並為他推薦了一個又一個如花似玉的妙齡美女，但都被他一一拒絕了。最後，工作人員不解地問：「您

到底想找一位什麼樣的情人呢？」他悶悶不解對工作人員說：「我是一個殺豬的屠夫，我想找一個結實健壯的女人，這樣我在殺豬的時候，她才能幫我按住豬腿！」

這個故事看起來雖然令人發笑，但卻告訴我們一個最真實的道理：「在愛情生活中，最好的不一定是最適合的，適合自己的才是最好的。」

我們在生活中會發現很多這樣的現象：男人英俊帥氣、才華橫溢，而愛人卻是相貌平平、學識普通；或者女人窈窕美麗、精明能幹，而情人卻是武大郎型、老實忠厚。這種愛情組合的確令人惋惜，但使人吃驚的是，他們大多數卻過著幸福的生活！其實，這箇中的奧妙就在於他們有這樣一種心態：他（她）不一定是最好的，但他（她）是最適合我的。

大陸電影《愛情左燈右行》是二〇〇六年電影《愛情呼叫轉移》的續集。續集從前作中一個男人和十二個女人的故事，改為一個女人和十二個男人的劇情結構。影片介紹了一位知識型美女先後介入不同類型男人中的感情困擾，在一系列的情感碰撞和在茫茫人海的尋尋覓覓後，主角終於領悟到了愛情的真諦：「適合自己的才是最好的。」

蔣琪在外商工作，不僅人漂亮，而且精明能幹！她一個人業績佔了全公司的三分之一！這對一個剛出道不久的黃毛丫頭來說，確實不同凡響！最近聽說她談戀愛了，同事們都很好奇，很想知道這位帥哥是怎麼擄獲她的芳心的？終於有一次她帶著男朋友與我們見面，真是不見不知道，這一見，可讓大多數人都跌破眼鏡！

竹竿身材，其貌不揚！人倒是斯斯文文的，可是就是不愛說話，在旅行社工作！這外部與內部條件都不怎麼樣的他，與漂亮能幹的蔣琪站在一起，給人極不相配的感覺！以前，大家都曾私底下評論過她將來的男友該是如何如何地了不起呢！誰知現在……大夥都不停地搖頭：「真想不到蔣琪會找這樣的人！真是讓人難以理解！」

蔣琪的選擇到底是對還是不對呢？在愛情中，沒有最好的，只有最合適的！蔣琪選擇的是最適合她的人！他們的組合，其實也是一種幸福的模式！是一種互相補充的組合！如果雙方都能言善道，都不願意停下聽一聽對方的聲音，豈不吵不停了嗎？其實一個願意傾訴的聲音，和那雙願意傾聽的耳朵，這才是最完美的搭配！每個人都希望自己的愛情才是最幸福的，成熟的人不是尋找最優秀的異性做為伴侶，而是尋找最適合自己的。

有一位優秀的男士曾愛上了一位漂亮的女演員，他們也有過一段幸福與甜蜜的時光。但是後來，這位男士心裡漸漸地產生了不安的情緒，因為女演員要常常在外拍戲、四處奔波，他不是對她不信任，只是無法忍受這種沒有休止的分離，他理智地與她分手後，曾說：「我需要一種平和安逸的家庭氛圍，和每天能與我相依相伴的妻子，但她做不到，即使她為了我勉強離開螢光幕，我對她也會有一種負疚感，還是得不到幸福，她不適合我。」

兩名優秀的男女卻組成了一個傷心破碎的家庭，一對平平凡凡的異性卻能有一樁幸福的婚姻，差別就在於能否知道和發現兩人彼此之間的適合性。托爾斯泰說過：「幸福的家庭都很相似，不幸的家庭卻各有各的不幸。」每一個人都期待著一份完美的感情。但我們要明白，感情就如一間房子，建造時如果偷工減料就會成為危樓，有時會因一場大風雪而被吹破玻璃；有時也可能遇上地震摧殘而導致毀滅……選擇伴侶不能單看誰愛誰多一點，而要確認兩個人適合程度，要看他們是否能在共同生活期間，在許多觀念上能否達成共識，能否在為人處事，還有工作中和生活上的習慣彼此的認同程度，他們在婚姻維繫上能否在人生的大方向觀念一致。經由這些，我們知道其實選伴侶和選擇搭檔的標準是一樣的，最重要的一點首先就是雙方一定要志同道合。

《易經》隨卦中說：「系小子，失丈夫。」意思是說繫住了小子，但失掉了丈夫。小子與丈夫相對，喻小孩與成年人。其義指得小失大，多譬喻行事的得不償失。人要看得遠，想得開，尤其不能為眼前利益所束縛。選擇情人也一樣，雖然對方條件非常好，但並不一定適合自己。我們不能為了眼前的喜好而犧牲終身的幸福。

人只有在適合自己的情人身邊才會感到心緒寧靜，才會得到自我價值的肯定。生活中很多人都只注意到兩個人的相似，而忽略了兩個人的互補。而愛情幸福的最佳境界：不是各自改變自己，甚至委屈自己去迎合對方，而是各自保持自我的完整！但是，怎樣才能使愛侶從一踏上愛的道路起，就不失去自我呢？那就是：選擇一個能與自己互補的情人，並真心真意地去愛這個人！

選擇一個有包容心的去愛——

包蒙吉，納婦吉，子克家

《易經》蒙卦中說：「包蒙吉，納婦吉，子克家。」意即能夠做到「包容」的人，娶來的妻子會平安順利，您能夠擔負起治下的重任。這是強調人應該胸懷博大，具有包容心。「相愛簡單，相處太難」。兩個人相愛要長久走下去，最重要的是選擇包容。

幸福愛情需要包容。其實每個人都有缺點，每對戀人都會有差異，挑剔只會讓我們的愛情越來越糟糕，唯有互相體諒、互相包容才能得到幸福。「相愛容易相處難」，兩個人若是相愛並打算長相廝守，那麼最最重要的就是選擇包容。如果男士不是批評而是讚揚女士並不太好的烹飪手藝，那麼她就會心存感激，並千方百計加以改進；如果女士能改變挑剔男士的刻薄語言，他也會努力使自己變得更完美。

安徒生寫過這樣一個故事：有一對貧困的年老夫婦，有一天，他們商量著要把家中唯一值點錢的那匹馬拉到市場上去換點更有用的東西。於是老頭一早起來就牽著馬來到市場上。一開始，他先用馬和別人換了一頭母牛，然後看到一隻雪白的綿羊，於是他又用母牛去換了那隻羊。當他再次看到人家抱在懷裡的那隻肥鵝的時候，毫不猶豫地用那隻羊交換了鵝。之後又忍不住用鵝換了母雞，又用母雞換了別人的一大袋爛蘋果。

在回家的路上，他遇上兩個猶太人，閒聊中他談了用自己的馬與別人交換的事情，兩個猶太人聽得哈哈大笑，說他回去以後，老婆一定會揍他一頓。老頭子堅稱絕對不會，猶太人就用一袋金幣和他打賭，如果他回家沒有受到老伴任何責罰，這袋金幣就全部給他。

於是，兩個猶太人就跟老人一起回到他家中。老太婆見老頭子回來了，非常高興，趕緊給他擰毛巾擦臉，還端水解渴，老頭子毫不隱瞞地講了去市場的經過。每聽老頭子講到用一種東西換了另一種東西，她竟十分激動地予以肯定。「哦，我們有牛奶喝了」、「羊奶也同樣好喝」、「哦，鵝毛多漂亮！」、「哦，我們有雞蛋吃了」……諸如此類。

最後，聽到老頭子說換回了一袋爛蘋果時，她同樣不急不惱，還高興地大聲說道：「我們今晚終於能吃到蘋果餡餅了！」同時還擁抱了老頭子，並深情地吻了他的額頭……

於是猶太人輸掉了那袋金幣。

這樣的事情在現實生活中發生的機率是很小的，但它告訴了我們一個深刻的道理：情人之間最重要的是寬容、尊重和信任。無論對方做錯了什麼事情，只要他的心是真誠的，就應該看重這個過程並理解他的動機，而不要過分在意事情的結果，這樣的愛情才能幸福和睦。故事中那位老婦人的寬容心，值得我們這些年輕的情人學習一輩子。

寬容對愛情來說，就好比水對魚的重要性。兩個人若是真心相愛，沒有了寬容，那就像失水的魚，那麼這段愛情必然以失敗告終。所謂寬容，其實就是包容彼此的缺點和不足。愛情是人類情感世界裡永恆的主題，但就其愛情本身來說，兩個相愛的人整天耳鬢廝磨，是最容易暴露缺點的。如果沒有寬容做前提，海誓山盟終究禁不起長久的推敲。

大陸作家路遙在《平凡的世界》中，寫了一段感人的愛情故事，揭示了情人之間解決矛盾的真諦就是用包容去感動對方。

孫少安與田潤葉從小一起長大，青梅竹馬，感情真摯而淳樸。文化層次較高的潤葉早已偷偷地將自己的心交給了少安。但淳樸的少安卻無法擺脫傳統觀念的束縛，認為潤葉有文化，是「吃公家飯的人」，自己配不上她，於是極力地逃避這份感情。在孫少安刻意的迴避和家人的緊緊相逼下，又有另一個男人李向前的苦苦追求，潤葉終於違心地嫁給了李向前。

李向前是一名司機，家庭條件比較好。當他終於如願以償地和潤葉結為夫妻之後，卻發現她深深地愛著別人。新婚之夜，田潤葉不讓李向前碰自己。李向前雖然心中惱火但強忍著沒有發作，反而為潤葉開脫：什麼「害羞」啦、「累」啦！總之，他盡量往好處去想。很多天過去了，潤葉對他仍是冷若冰霜。他卻一如既往地對她好，她不肯穿他為她買的漂亮衣服，他也不埋怨，照樣幫助潤葉的父母做這做那。對潤葉的弟弟，他更是情同手足，親自教他開車。

也許在大家眼裡，他這個家庭很美滿。可是實際上，箇中的滋味只有男主角李向前自己知道了。為了贏得田潤葉的愛情，他從不問她為什麼要這樣對待自己，也不去逼她做什麼，只是一如既往地用自己的愛去感化她。當田潤葉不想見他時，他就不回家，拼命以工作的疲勞來沖洗心中的煩惱。在煩惱的同時，仍以無可挑剔的態度去對待潤葉的家人。

這個故事的男主角李向前，終於難以承受這種心靈煎熬而藉酒澆愁，並在酒後駕車時出了車禍，慘失雙腿。李向前的這次車禍終於震醒了潤葉，她毅然擔負起了照料向前的責任。李向前認為潤葉來照顧他只是出於憐憫，也害怕連累她，於是偷偷背著田潤葉想結束自己的生命，但被田潤葉及時發現而活了下來。此時的田潤葉，終於看到了一個處處為他人著想的熱血漢子，便漸漸對他產生了感情，並真心愛上了這個男人。

出院後，李向前執意要去開一個修鞋鋪，盡所能擔負起一家之主的責任。儘管潤葉極力阻攔，但李向前主意已定。至此，田潤葉終於看清了閃爍在李向前身上自強不息和勇於承擔責任的光芒，並因而深深地愛上了他。一年以後，家裡又增添了一名新成員，孩子的出世，使兩人的愛情更加牢固。

李向前能夠感化鐵石心腸的田潤葉，並讓其深深地愛上自己，真心地選擇自己做為她的丈夫，靠的就是那一份難得的包容心。愛上一個人，總要讓他（她）相信，這份愛情會日久彌堅。但花無百日紅，人無千日好，愛情也會隨著歲月的流失而漸顯單薄，挽救愛情的靈藥就是那彼此的珍惜和包容的心。

著名科學家愛因斯坦，曾經歷了兩次完全不同的婚姻。愛因斯坦的前妻不能容忍丈夫只是一味地鑽研，時常與其產生爭執，最後勞燕分飛。但是愛因斯坦的第二位妻子是一個體貼入微，懂得尊敬與忍讓的人，她從不干預丈夫的工作，而是盡全力地為愛因斯坦爭取每一分鐘，讓他安心地完成事業。愛因斯坦被妻子的行為、態度所感動，他也會在百忙之中抽出時間來陪伴妻子共度美好時光，他由衷地說：「雖然我的夫人艾麗莎根本不懂什麼是相對論，但相對論裡卻包含著她的一份心血。」

愛情本來就是包容的藝術，看那些白髮蒼蒼的老夫妻們，他們彼此相扶，攜手終生。其實就是包容一直扶助著愛情，才得以讓其枝繁葉茂。如果沒有包容心，最好從一開始就不要涉及愛情，因為不具備養活愛情的資本，最終只能害己傷人。

《易經》蒙卦中說：「包蒙吉，納婦吉，子克家。」意即能夠做到「包容」的人，娶來的妻子會平安順利，您能夠擔負起治下的重任。這是強調人應該胸懷博大，具有包容心。所以，為了自己的幸福，我們在選擇另一半時，一定要選擇一個有包容心的人去愛！

愛情，需要有責任感——

至臨，無咎

《易經》臨卦中說：「至臨，無咎。」意思是說君主親自監臨民眾，不會有災禍，說明處位正當。這是告訴人們真正聰明睿智的人應該勇於承擔責任，迎難而上，這才能利於前進。責任感在愛情中的份量是很重的，沒有責任感的愛情，往往會變成速食愛情。

曾聽一位朋友講過他去外商公司面試的故事。剛開始一切都很順利，唯獨最後階段，面試的老外卻拋出一句：才幾年時間，你已經跳了幾次槽，如果讓你進入我們公司，你準備做多久？

企業在為自己選擇人才時有這樣的後顧之憂，人們在選擇愛情時是否也有這樣的擔憂？兩個人相愛除了彼此信任，還要具備相當的責任感。在生活中我們都知道，每個人都有自己的責任。管理者有管理者的責任，員工有員工的責任，老師有老師的責任，男人有男人的責任，女人有女人的義務。而愛情的責任，則要由兩個人共同去負責。真正幸福的愛情並不多，要想有幸福的愛情，必定有兩條禁得起時間檢驗的基本硬體：始終不斷的愛與責任感。《易經》臨卦中說：「至臨，無咎。」意思是說君主親自監臨民眾，不會有災禍，說明處位正當。這是告訴人們真正聰明睿智的人應該勇於承擔責任，迎難而上，這才能利於前進。

中國忠信高級工商學校校長高震東在上大學時，喜歡上了一位低年級的學教育管理的學妹，高震東在向學妹表白時說，我將來一定要辦一所學校由妳來管理。為了這個承諾，他改變了自己的科系，開始研究中外教育，並總結了一套自己的教育思想。當忠信高級工商學校建成並達到一定規模之後，他讓自己的妻子——當初的戀人當上了校長。

愛情是需要雙方的責任和義務去維繫的，沒有擔當的愛情不是愛情。有人曾進行過調查，結果顯示，要求情人相貌第一的男性僅佔百分之三點五，而選擇家庭責任感的男性達到百分之三十一，是其選擇情人的首要標準，認為自己另一半的品行最為重要的男性有百分之二十七。「家庭責任感」同樣是現代女性的最愛。此次調查結果顯示：將近百分之五十的女性將家庭責任感擺在第一位，其次為「性格、脾氣」（百分之十六點五）和「正直善良，道德品格好」（百分之十五點六），而以金錢和權力為選擇情人標準的女性僅佔百分之四點七。

愛一個人就意味著要對他（她）負責任，意味著無論生活的艱辛與否，無論喜怒哀樂，生老病死都要對他（她）不離不棄。愛情總有退化為親情的那一天，在這物慾橫流的社會，責任感才是維持兩個個體能夠長久彼此包容和互相體諒的重要元素。愛情專家曾說過，愛情的保鮮期往往是七個月，然後維繫兩個人之間關係的，往往是責任感。一個人的責任感在他的愛情中佔有很重要的份量，沒有責任感的愛情，往往會變成速食愛情。

曾有某位社會學博士生，他在寫畢業論文時曾經被一些資料弄糊塗過，那是當他在歸納兩份相同的資料時，發現這兩份資料的結論卻相互矛盾。一份是雜誌社提供的近五千份的抽樣調查報告，調查中的問題是：維護婚姻起著決定作用是什麼？百分之九十的人回答說是愛情。但是從法院民事庭提供的資料看，卻並非如此，在近五千份協議離婚案中，真正因感情破裂而離婚的不到百分之十，看來維繫婚姻的並不僅僅是愛情。

帶著疑問，他自己親自進行了調查，但結果卻令他很是失望，除了寬容、忍讓、賞識之類的老調之外，他也沒有找出關於愛情與婚姻之間的論證關係。不過在比較中，他發現了一個小小的問題，那就是：那些在婚姻上失敗的人，並不是找錯了情人，而是缺乏一份家庭的責任感。

愛情就好像是一座天平，一定要保證它的平衡。平衡的支點就是責任。責任，這兩個字看似簡單，事實上它蘊含了很深的涵義。感情是用真情做支撐，真情又全靠責任來做保證。一個理智的情人可以培養好雙方的感情，一個有責任感的情人可以為對方付出更多的真情。一旦一個人淡薄了自己的責任感，長時間忽視自己的責任，必然會導致雙方責任的錯位，直至導致愛情的破裂。這樣的例子，在生活中是很普遍的。它與文化和素質無關，根本原因就是長期不履行或無法履行丈夫或妻子的責任。

女人帶著孩子去了娘家，男人一個人在家喝著啤酒看電視。這時，女孩打來了電話，她說想到家裡來坐坐。男人拒絕了，他說不行，我正要出去辦事。其實，女孩已經到了男人的樓下。

女孩是男人的屬下，她曾多次對他進行表白，男人都委婉地拒絕了，因為他知道自己的家庭更重要。

女孩帶來了不少東西，還有一瓶紅酒，站在男人的家門口。男人說，那我做飯吧！女孩說，不用，說完自己便在廚房裡忙了起來。男人看著女孩忙碌的背影，突然有了一種感動，但他又立即將這種感覺壓在了心底。

接著，他便打電話約好朋友來家裡聚餐，可是朋友們都因為有事無法過來。沒多久，女孩端來了兩盤熱騰騰的餃子，看到餃子，他猛地愣了，他最愛吃餃子了。但因為平時他和女人都太忙，很少有時間包餃子。兩盤餃子，幾樣顏色鮮美的小菜，還有那瓶紅酒，再加上女孩臉上動人的笑容，他的心被攪動了。

幾杯紅酒下肚，女孩說頭暈，就軟綿綿地倒在了男人的懷裡。他緊緊地抱著她，這時，他才感覺到女孩是那樣的羸弱，她在他的懷抱裡像個嬰兒似的睡著，那睡態像極了自己的女兒。想到女兒，他的心猛地一震。

他輕輕的把女孩放在了床上，帶上門來到了客廳，電話響了，是女人和孩子打來的。男人仍然喝著啤酒，看著電視，他也聽到了女孩輕微的呼吸，他努力地讓自己冷靜，再冷靜。女孩在第二天早上醒了過來，男人一夜未眠，他為女孩準備了早餐。女孩吃早餐的時候問：你是不喜歡我嗎？男人說喜歡，可是……女孩迫不及待地問：怕我糾纏你？

男人望著女孩，表情嚴肅並認真地說，愛情是一種責任，就像這碗稀飯和煎蛋，儘管常吃覺得沒有什麼味道，有時甚至覺得它難吃，可是你習慣了每天吃這些食物，如有一天沒有吃到，心裡就會空蕩蕩的。聽到這裡女孩沉默了。送走了女孩，男人覺得一身輕鬆。

面對年輕女孩的誘惑，男人並非不動心，只是他心中的那份責任感一直阻攔著他。他知道，愛情中的責任是終生的，既然自己有了情人，就應該終生對她負責，不能摻雜一絲一毫的雜質。因此，責任最終戰勝了誘惑。

有一位作家曾對愛情與責任做了一個很好的比喻：如果說愛情是河流的話，那麼責任便是這條河流的堤壩，沒有責任的愛情，必然就像沒有堤壩的河流一樣，遲早會乾涸甚至死亡。愛情需要責任感來維繫，如果我們不幸選擇了一個缺乏責任心的情人，將是終生的遺憾。所以，我們在選擇自己的情人時，一定要睜大眼睛，選擇一個有責任心的情人相伴一生。

愛情完美，選擇溝通——

拔茅茹，以其匯；征吉

《易經》泰卦中說：「拔茅茹，以其匯；征吉。」意即像拔茅草一樣，連根部全部帶出。前往交流是吉祥的。情人之間，一定要建立良好的溝通機制，保持溝通管道的暢通，敞開心扉，進行徹底的交流。沒有不良的愛情，只有不良的溝通！如果兩個人在生活中產生摩擦以後，沒有選擇即時的溝通，那麼「小摩擦」就會變成大矛盾。

有一對年輕的夫妻，新婚不久便有了愛的結晶。由於當時正值戰爭時期，丈夫被徵兵入伍，派往前線，一去就是幾年。剛開始，他們還可以常常聯繫，互訴相思之情。但隨著戰爭越來越激烈，漸漸地，夫妻間的聯繫也越來越少。丈夫在前線與敵人浴血奮戰，時時牽掛在家的妻子和孩子。而妻子更是整日愁容滿面，每天為丈夫祈禱，希望他可以活著回來。

很幸運，丈夫終於活著回到了家裡，夫妻兩人喜極而泣。為了慶祝一家團圓，妻子備好了一桌上好的飯菜以後，然後高高興興地出去買酒了。此時，丈夫看著自己可愛的孩子，百感交集。他把孩子抱到懷裡，充滿憐愛地對孩子說，「寶貝，讓爸爸好好看看。」

誰知，孩子卻在自己的懷裡拼命掙扎，嘴裡喊著：「你不是我的爸爸，你不在家的時候，爸爸每天晚上都會來，媽媽哭他也哭，媽媽躺在床上他也躺在床上。」聽到孩子的喊叫，丈夫頓覺五雷轟頂，他怎麼也沒有想到，妻子居然早已經背叛了自己。盛怒之下，他一腳踢翻了滿桌的飯菜，便摔門而去。

從那以後，丈夫便整日在外燈紅酒綠，不再回家，偶爾回來也是爛醉如泥。看著丈夫的變化，妻子也想問一問為什麼，但每次剛一開口，就會被丈夫罵了回來。妻子始終不知道發生了什麼事，整天胡思亂想，鬱鬱寡歡。三年以後，妻子終於忍受不了這種折磨而選擇了自殺。

丈夫從外面回來為妻子料理喪事，在妻子出殯的前一天晚上，他點燃油燈，坐在桌邊發呆。這時，孩子突然對著牆上的影子叫了起來：「爸爸，你又回家了。」

大家看完這個故事，一定覺得很可惜，也一定覺得很心痛，而造成這樣的結果，就是因為夫妻兩人缺乏溝通所致。如果丈夫在聽完孩子的喊叫之後，能找妻子問個明白，那麼一定能澄清誤會，過著幸福的生活。聰明的情人之間總是選擇經由感情的交流來溝通和促進相互理解，而不幸的愛情往往是從忽視交流而開始的。《易經》泰卦中說：「拔茅茹，以其匯；征吉。」意即像拔茅草一樣，連根部全部帶出。前往交流是吉祥的。情人之間，一定要建立良好的溝通機制，保持溝通管道的暢通，敞開心扉，進行徹底的交流，這樣才能消除誤會，化解矛盾，增進感情。

戀愛是「談」出來的，大多數戀人在相戀以後，卻往往忽視了對話和交流。久而久之，就會導致生疏感及各行其是的行為。兩個來自不同家庭，有著不同人生觀、價值觀的男女走到了一起，客觀存在的差異難免會使他們在共同的生活中產生一些摩擦，如果不能選擇即時的溝通，那麼「小摩擦」就會變成大矛盾。一旦坐下來耐心交談，建立起交換意見的習慣，那麼所有的誤解和意見分歧都會迎刃而解，煙消雲散。我們經常在一些外國影視片中聽到夫妻某一方說：「我想和你談談！」於是，夫妻雙方會找一個恰當的機會把心中的不快全倒出來。

可以說，溝通是所有愛情問題的根源。比如夫妻間處理財務出了問題，往往是因為處理財務的過程，沒有好好溝通；父母管教子女的方法不一致，也是夫妻間溝通出了問題！很多人找不出愛情到底出了什麼問題，最後就說是因為個性不合。其實是兩人不夠瞭解，彼此沒有足夠的溝通。

沒有不好的婚姻，只有不好的溝通！那麼，夫妻間如何做才能有良好的溝通呢？

1．溝通要選擇好時機

不同內容的交流，對時機的選擇有不同的要求。例如一個人在疲倦或是肚子餓的時候，比較容易情緒化，不喜歡被煩。在這種情況之下，你們應該談論比較輕鬆、不容易引起爭執的話題。如果是交流比較沉重、不愉快的話題，或想提出意見，在時機的把握上，就要動一下腦筋。我們在吃過飯以後，不要急著看電視，也不要急著洗碗筷，在很好的氣氛下慢慢談，或是到外面走一走，一面走一面談。這樣會取得很好的效果。

2・清楚表達自己的意見

有時候，講話不清楚，變成只有「溝」而沒有「通」。有人常常抱怨說：「如果他真的愛我，那就應該知道我的想法，根本不用我說出來。」這種要求顯然過高。想一想，你能夠猜透對方的每一個想法嗎？如果你不能做到這一點，那麼就請你「己所不欲，勿施於人」。

3・「冷戰」溝通

夫妻之間有時候會因為一些摩擦，而導致「冷戰」局面，這時，一定要有一方站出來，尋找合適的時機進行溝通。其實，「冷戰」後雙方都渴望與對方溝通，只是礙於面子誰也不願主動打破僵局。做為男人，尤其要主動一些。

有一對夫妻，因為一點事情鬧了彆扭，接下來誰也不理誰。幾天後，妻子下班回家一看，以前井井有條的家像遭竊般，東西亂七八糟散落一地，而丈夫正跪在地上拚命翻一個箱子，越翻越急，好像是在找一件很重要的東西。妻子實在是看不下去了，終於忍不住問丈夫：「你在找什麼？」丈夫猛然回頭答道：「我在找妳的這句話。」妻子聽了噗哧一笑，嘴裡說道：「討厭鬼！」於是，「冷戰」結束了。

婚姻中的溝通應該是雙向的，不要總是有了嘴巴沒有耳朵，只有彼此尊重，互相傾聽的溝通才是有效的溝通。

4．溝通不僅僅是說話

很多人都認為，與另一半溝通不過是說說話而已，其實不是這樣的，這其中大有學問。在與另一半談話時，最好經常一起回憶兩人戀愛時的情形，並要表現出同樣程度的愛意。每週要有一天或幾個小時與另一半單獨相處，試著將這種模式變成一種規律，讓這個模式成為一種生活習慣。當兩個人獨處的時候要找出對方有興趣的話題。當某件事上另一半與你意見不統一的時候，要尊重他（她）的感受與意見，切不可冷嘲熱諷惡言相向。

溝通和交流，是愛人相互尊重的表現。愛情無論對女人還是對男人而言，都是最必要而又最難搞好的關係。夫妻之間的矛盾、衝突，通常被認為像「天上下雨地上流」一樣天經地義。夫妻之間的差異是造成感情不和諧的重要因素。夫妻雙方的背景、個性、需求、目的、動機，都不可能完全一樣。聰明的夫妻卻能透過溝通來消除這些不和諧的因素，進而維持美滿的愛情。

五

選機會

——時止則止，時行則行

《易經》艮卦中說：「時止則止，時行則行，動靜不失其時，其道光明。」該停止的時候就停止，應行動的時候就行動。動靜與行止都能不失時機，事業的前途必定光明美好。同樣，我們在選擇機會時也必須善於把握時機，動靜適宜、行止有度。生活就是這樣，機會對每個人都是公正的，與其說它青睞那些有準備的人，不如說是有準備的人善抓機會。機不可失，時不再來，在進退之間不能正確選擇時機者，必將一事無成，遺憾終生。

選擇不宜太輕率——

咸其股，亦不處也。志在隨人，所執下也

贏在選擇

《易經》咸卦中說：「咸其股，亦不處也。志在隨人，所執下也。」大腿自己不能走路，總是跟隨著小腿和腳活動，這就叫「執其隨」。只是隨從別人而行動，並無主見可言，說明自己應持有主見，不宜隨人盲動。聽取和尊重別人的意見固然重要，但無論何時千萬不要人云亦云，做別人意見的傀儡，否則你會在左右搖擺不知所措中身心疲憊，失去許多可貴的機會。

一隻喜鵲的巢建在樹頂上的樹枝間，當起風時，巢也跟著一起晃來晃去。這時，喜鵲總是擔心地想：風啊，可別把巢吹到了地上，摔壞了寶寶啊！八哥們則不在樹上築窩，牠們一點都不怕風。

有一天，一隻老虎竄出來覓食。牠瞪大眼睛，高聲吼叫起來。這一吼，直吼得山搖地動。喜鵲的巢被老虎這一吼，就隨著樹劇烈搖動起來。喜鵲們害怕極了，大聲嚷叫：「不得了了，不得了了，老虎來了……」附近的八哥聽到喜鵲們的叫聲，不禁又想學了，也跟著亂叫：「不好了，不好了，

老虎來了……」

這時，一隻烏鴉好奇地問喜鵲說：「老虎是在地上行走，你們在天上飛，牠能把你們怎麼樣呢？」喜鵲答道：「老虎大聲吼叫引起了風，我們怕風會把我們的巢吹掉了。」烏鴉又問八哥，八哥卻無以作答。烏鴉笑了，對八哥說：「你們住在山洞裡，跟老虎完全井水不犯河水，為什麼也要跟著亂叫呢？」

從這個例子中，我們可以看到八哥只知道隨波逐流，一點主見也沒有。我們在選擇時，聽取和尊重別人的意見固然重要，但無論何時千萬不要人云亦云，出現從眾心理，做別人意見的傀儡，否則我們會在左右搖擺不知所措中身心疲憊，失去許多可貴的機會。

做好選擇，要克服那種人云亦云的毛病。「人云亦云」是當下那些沒有主見的人慣有的思維方式，見街上有人穿的衣服新穎，他（她）也想要一件；看人家喜歡去哪旅遊，他（她）也嚷嚷著要去。對自己該做什麼、能做什麼，無一己之見、沒一定之規，一點也沒有自己的見解與判斷，而是憑著自己的感覺行事。

有一個著名的試驗，試驗中，只有一個人是真正的被實驗者，他面臨著來自其他幾個人的壓力。實驗任務是對線條的長短進行區分，七個人組成一個小組，被試驗者在第六名。他們需要分別報告三條線中哪一條與標準線一樣長。當前面的五個人與他期待的回答一樣：第二條線與標準線一樣長，他會毫不猶豫地也如此回答。

但是，接下來的實驗中，儘管答案依然很明顯，但是第一個人給出了錯誤答案，比如說第一條線與標準線一樣長。當第二個人給出同樣的答案後，他突然坐直身子，再次檢查那線的長度。第三、第四、第五人也給出了同樣的錯誤答案，他開始懷疑到底是自己錯了還是他們錯了。結果他否定了自己的判斷，與前五人保持一致的回答。

人總是傾向與大多數人相同的想法或態度，以證明我們並不是孤立的，而是存在於一個群體之中。雖然每個人都喜歡標榜自己的個性，但很多時候，我們卻不得不放棄自己的個性去隨波逐流，因為我們都不可能對任何事情都瞭解得一清二楚，對於那些自己不太瞭解，沒有把握的事情，我們一般都會選擇隨波逐流的做法。社會心理學家研究發現，那些持有某種意見的人數的多少，是影響大眾的最重要的一個因素，「人多為眾」本身就是說服力的一個明證，很少有人能夠在眾口一詞的情況下，還堅持自己的不同意見。

有一群蚯蚓舉辦了一場攀爬比賽，比賽的終點是一個非常高的電線桿的桿頂，下面有一大群蚯蚓圍著電線桿看比賽。

比賽開始後，大家看著這根高高豎起的電線桿，沒有誰相信小小的蚯蚓能到達桿頂，於是紛紛議論，「這太難了！電線桿這麼高，肯定是到不了塔頂的！絕不可能成功！」

聽到大家的議論，很多蚯蚓開始洩氣了，並紛紛退出比賽。十分鐘以後，只剩下少量情緒高漲的蚯蚓還在往上爬。電線桿下面的蚯蚓繼續喊道：「這太難了，沒有誰爬得上桿頂的！」

越來越多的蚯蚓堅持不住，退出了比賽，唯有一隻蚯蚓卻還在越爬越高，在費了很大的力氣以後，終於成為唯一一隻到達桿頂的勝利者。

當這隻蚯蚓下來以後，所有的蚯蚓都想知道牠是怎樣堅持下去的。有一隻蚯蚓跑過去問那「勝利者」，你是哪來那麼大的力氣爬到桿頂的？但問了幾次，那蚯蚓卻沒有任何反應，這時，大家才發現那蚯蚓是個聾子！

「人云亦云」、「隨波逐流」，大家都這麼選擇，我也就這麼選擇；這樣的選擇太草率了，很容易出現問題。所以，在選擇的過程中，我們一定要避免「人云亦云」、「隨波逐流」的心理。《易經》咸卦中說：「咸其股，亦不處也。志在隨人，所執下也。」大腿自己不能走路，總是跟隨著小腿和腳活動，這就叫「執其隨」。只是隨從別人而行動，並無主見可言，說明自己應持有主見，不宜隨人盲動。

那麼，我們應該如何清除自己「人云亦云」、「隨波逐流」的心理，進而做出正確選擇呢？

首先，我們要提高自我的認知能力。很多情況下，「人云亦云」、「隨波逐流」的心理是一種無意識行為，主要也是因為個人缺乏自我判斷的能力。這些人往往會更相信群體的行為，要增強自我認知能力就能對各種現象明辨是非。認清哪些是錯誤的，哪些是正確的，這樣就可以減少盲目從眾的心理現象。

其次，我們要養成獨立思考的習慣。很多容易「人云亦云」、「隨大流」的人，往往是在自己無法拿定主意的情況下從眾的。這也從另一個方面說明了獨立思考、分析問題的能力的重要性。我們應該具有大膽探索、勇於質疑的精神，努力使自己做到不盲從、不迷信、善鑑別、有主見。

最後，我們還要克服自卑，堅定意志。通常，一個人的自信心與他的「人云亦云」、「隨大流」

行為是成反比的，習慣從眾的人常常帶有一定的自卑心態。他們對群體有一種恐懼心態，擔心如果自己不從眾就有可能被奚落被報復。某些錯誤的行為和思想，總是依靠人多勢眾而橫行無忌，使少數人望而卻步只得無可奈何地去順從。那些自卑心重、性格脆弱、膽小怕事的人應培養自己堅強的意志和毅力，提高自己在各種思想壓力下的心態承受力。

遇到機會不妨冒冒險——

履虎尾，不咥人，亨

履卦中所說：「履虎尾，不咥人，亨。」採取行動的時候，踩到老虎的尾巴，不哈哈大笑的人，能夠通達順利。能踩到老虎尾巴，說明已經靠近了老虎。這種人，膽子大，意志剛強。風險中孕育著機會，勇於正視風險、勇於冒險，那無疑就更容易抓住成功的機會。

卡內基說：「冒險是一種奮鬥，一種促使人生變得更加輝煌的奮鬥。」遇到機會勇於冒險，是成功人士基本的心理素質，只有在機會面前勇於選擇冒險，我們才有成功的可能。最危險的地方，有時正是眾人紛紛騰出來的「空檔」，有眼光的人往往能夠在眾人的思維上空，冷靜觀察，把握全局，冒險出擊。古今中外的軍事領導者，一次又一次地證實了這個真理：最危險的地方往往最安全。有句俗話：「捨不得孩子，套不住狼。」遇到機會，不冒險一點又怎麼能成就大事？

有一個畫家去鄉下寫生，路過一塊田地的時候，看見有個農夫蹲在田裡悠閒的吸菸，畫家走向前問那個農夫田裡是不是種了大豆。農夫回答說：「沒有，我擔心天不下雨。」這個畫家又問：「那你種玉米了沒有？」農夫回答說：「沒有，我擔心蟲子吃掉它。」這個人於是疑惑地問：「那你種什麼了？」農夫說：「什麼也沒種，我要確保安全。」

一個不敢冒險、不敢嘗試的人，雖然逃避了失敗和痛苦，但他到頭來什麼也得不到，就像那位農夫一樣，好好的一塊田地，本來是一個獲得收成的好機會，但因為怕這怕那，不敢冒一點兒風險，什麼都不敢種，那麼最後也只能顆粒無收。險中有夷，危中有利，要想有卓越成就就應當敢冒風險。風險與機遇總是連在一起，在關鍵時刻拿出把握機遇的能力，就能成功。如我們總是渴望成功卻又怕擔當風險，那麼對不起，成功將會從你身邊一次次地溜走。

比爾．蓋茲說：「所謂機會，就是去嘗試新的、沒做過的事。可惜在微軟神話下，許多人要做的，僅僅是去重複微軟的一切。這些在機會面前不敢創新、不敢冒險的人，要不了多久就會喪失競爭力，又哪來成功的機會呢？」微軟只青睞具有冒險精神的人。他們寧願冒失敗的危險選用曾經失敗過的人，也不願意錄用一個隨處小心翼翼，到頭來卻毫無建樹的人。

比爾．蓋茲可以說一個家喻戶曉的名字，那他是靠什麼法寶建立了他的微軟帝國？他為何能在現代經濟激烈的競爭中獨佔鰲頭而歷久不衰？在比爾．蓋茲看來，成功的首要因素就是冒險。

在比爾．蓋茲的一生中，最持續一貫的特性就是強烈的冒險天性。他甚至認為，如果一個機會不伴隨著風險，這種機會通常就不值得花費時間和精力去嘗試。他堅定不移地認為，有冒險才有機會，正是有風險才使得事業更加充滿跌宕起伏的趣味。

其實，比爾．蓋茲從學生時代就開始了對冒險精神的培養。他在哈佛的第一個學年就刻意訂下了一個策略：在多數的課程學習時他都蹺課，然後又在臨近考試時拼命補習。他想以這種冒險，來檢驗自己如何花盡可能少的時間，而又能夠得到最高的分數。他的這次冒險很成功，透過這次冒險他發現了一個領導者應當具備的素質：即如何用最少的時間和成本，得到最快最高的回報。

比爾．蓋茲最喜歡超速的汽車和遊艇，他自己就有兩部保時捷汽車和兩艘快速遊艇，這兩樣東西是他不斷鍛鍊自己冒險性格的工具，他因而經常接到超速的罰單。獨自駕車到沙漠旅行，獨自駕駛飛機飛越崇山峻嶺，獨自駕駛遊艇遨遊大海，這都是比爾．蓋茲經常做的。

冒險是人生中的一種勇氣和魄力。生命運動從本質上說就是一次探險，如果不是主動地迎接風險的挑戰，便是被動地等待風險的降臨，冒險總比墨守成規讓我們更有機會成功。美洲發現新大陸，是哥倫布海上探險的結果；鐳的發現、原子彈研製成功，這些都是那些冒著生命危險的科學家們，經過無數次試驗所取得；海斯德是美國毒蛇專家，他為了找到一種抗體，而拿自己做實驗，他在自己的身上注射了至少二十八種蛇毒，每注射一次蛇毒，他都要承受一次生與死的考驗，正是這種勇於冒險的勇氣和毅力，支持他攻克了科學的堡壘。福特汽車總裁菲利浦曾說：「假若缺乏冒險精神，今天就沒有了電源、鐳射光束、飛機、人造衛星，也沒有盤尼西林和汽車。成千上萬的成果將不可能存在。如果生活在一個沒有冒險的世界裡，我們必將面臨重重危機。」

做什麼事情，沒有膽量不行。最具競爭力的人並不是那些循規蹈矩的人，而是那些在機會面前勇於創新、具有冒險精神的人。正如履卦中所說：「履虎尾，不咥人，亨。」採取行動的時候，踩到老虎的尾巴，不喜形於色的人，才能夠通達順利。能踩到老虎尾巴，說明已經靠近了老虎。這種人，膽子大、意志剛強。風險中孕育著機會，在機會來臨勇於正視風險、勇於冒險，那無疑就更容易抓住成功的機會。

約翰晉升為公司新產品部主任後做的第一件事，就是開發研製一種女性所使用的胸部按摩器。然而，這種新產品的試製卻失敗了，他心想這下可要被老闆炒魷魚了。

約翰被通知去見公司的總裁，然而，他受到了意想不到的接待。「你就是那位讓我們公司賠了大錢的人嗎？」總裁微笑著問道，「很好嘛！我要向你表示祝賀，這個錯誤說明你勇於冒險。我們公司就需要你這種有冒險精神的人，這樣公司才有發展的機會。」

數年之後，約翰成了這個公司的總經理，但他始終都牢記著前總裁的這句話。

德國哲學家康德說：「人的心中有一種追求無限和永恆的傾向。這種傾向在理性中的最直觀表現就是冒險。」如果我們在機會面前勇於冒險，勇於打破眼前的安逸去嘗試未知的事物，未知的世界就會在我們眼前打開一扇嶄新的窗，即使我們可能會遭遇失敗，但這也是我們獲得成功的必經之路。很多的機會都是在冒險的過程中產生的，不敢承擔任何風險的人雖然可以保住暫時的成就，但在事業上很難得到更大的突破。那些事業上的成功者，常常屬於那些勇於抓住時機、勇於冒險的人。

當然，在機會面前勇於冒險是要有一定的依據的，不是孤注一擲的賭博，也不是一時的腦熱，而是一種冷靜而又大膽的選擇。哥白尼提出「地心學說」，是以他雄厚的天文知識做基礎的；麥哲倫之所以環球航行，是以地圓學說，將羅盤用於航海後的舉動。我們要有膽識，只有把「識」和「膽」結合起來，才能稱為「家」。離開了「識」，僅能稱為「莽夫」；離開了「膽」，又只能是「懦夫」。

面對機遇選擇果斷——

天地相遇，品物成章也

贏在選擇

姤卦中說：「天地相遇，品物成章也。剛遇中正，天下大行也。姤之時義大矣哉！」因為天地相交合，才有了天下萬物的茂盛成長。原則與正義相結合，我們的理想才能在實現。所以，能否在機遇面前果斷出擊，它的意義很重要！機會稍縱即逝，猶如白駒過隙，當機會來臨時，一定要選擇果斷立即抓住它。

英國哲學家培根曾說：「善於識別與把握機遇是極為重要的。在一切大事業上，人在開始做事前要像千眼神那樣察視機遇，而且在察視的同時要如千手神仙那樣抓住機遇。」在人的一生中，總是會遇到各式各樣的機遇。善於抓住這些機遇是包括對機遇敏銳的嗅覺，以及在機遇來臨時，能選擇果斷迅速撲上去捕捉機遇的膽識。姤卦中說：「天地相遇，品物成章也。剛遇中正，天下大行也。姤之時義大矣哉！」因為天地相交合，才有了天下萬物的茂盛成長。原則與正義相結合，我們的理想才能實現。所以，能否在機遇面前果斷出擊，它的意義很重要啊！

在二十世紀九〇年代，有一天上午，一輛漂亮的小轎車突然開進了黃土高原一個偏僻的小山村。這對一年四季也很難聽見機器聲的小山村來說，的確算是一件新鮮事。村裡的人都走過來圍在轎車的周圍，想看看是怎麼回事。

這時，車門打開，從車上走下來幾個人，其中一個留著短髮、身穿夾克的中年男子問大家：「你們想去拍電影嗎？誰想拍就站出來報個名。」

雖然大家都看過電影，但對怎麼拍電影卻知之甚少，好多村民都向周圍的人詢問或自言自語。那個中年男子問了好幾遍，但就是沒有人搭腔。這時，一個十多歲的小女孩站了出來：「我想拍電影。」這個小女孩長得並不漂亮，亂七八糟的頭髮，單眼皮，小眼睛，臉蛋倒是紅撲撲的，透出一股山裡孩子特有的倔強和淳樸。

「那會不會唱歌？」中年男子盯著這個小女孩問道。

「會唱歌！」小女孩歪著腦袋大聲地回答。

「那好，妳現在就唱一首讓我們聽一聽。」

「好！」小女孩毫無懼色，馬上就唱了起來，「我們的祖國是花園，花園的花朵真鮮豔……」聽到小女孩的歌聲，村民們都笑了起來，因為她的歌實在是唱得不怎麼好聽，不但跑調，而且唱著唱著還忘了詞。

沒想到中年男子卻大手一揮說：「好，就是妳了！」

看過電影《一個都不能少》的人，當然記得電影裡那個淳樸的小老師。對，這個中年男子就是張藝謀，那個大膽活潑的小女孩就是電影裡飾演女主角的魏敏芝。

德國大文豪歌德說過：「遲疑不決的人，永遠找不到最好的答案，因為機遇會在猶豫的片刻失掉。」我們知道機遇曇花一現，如白駒過隙。當機遇來到身邊，我們要有那雙善於發現並果斷抓住它的眼睛，比探頭探腦看似謹慎的猶豫要好得多，猶豫的結果只能是錯過機遇。雖然魏敏芝只不過向前邁出了一步，唱了一首並不精彩的歌，但是，她那種勇於在機遇面前果斷出擊的勇氣，卻改變了她的一生。她的名字很快就傳遍大江南北、長城內外。培根說：「機遇老人先把他的頭髮送到你手上，當你沒有抓住在後悔時，也許只能摸到它的禿頭了。」

西元七十三年，東漢班超出使西域到了鄯善，鄯善王十分禮遇班超，但不久態度就變了。班超告訴屬下的官員說：「覺不覺得鄯善招待我們的態度，變得不夠周到了呢？這一定是匈奴有使者來的緣故，所以鄯善王猶豫不決。明眼人在事情尚未發生時就看得很清楚，何況事態已很明顯了呢？如果讓鄯善俘虜我們，送給匈奴，我們可能就會葬身在豺狼的口腹之中了。『不入虎穴，焉得虎子』，現在我們唯一的辦法就是藉著夜色，火攻匈奴的使者，讓他們不知道我們有多少人，到時肯定會很驚慌，我們便可以將他們殲滅。匈奴一旦被滅，鄯善自然嚇破膽，大功也就告成了。」

於是班超在一個沒有月光的夜晚率領屬下，直奔匈奴的營地而去。恰好那晚風聲很大，班超下令十個帶鼓的士兵，躲在匈奴人房舍的後面。約定看到火焰後擊鼓、叫喊。匈奴大亂，班超殺了三人，屬下則殺了匈奴使者及其手下三十餘人，其他大約一百人，都被火燒死。第二天，班超面見鄯善王，拿匈奴使者的首級給他看，鄯善全國上下都非常驚恐，所以交出王子做為人質。

這是古代軍事爭鬥中當機立斷、大功告成的例子。機遇到了，我們必須把握它。如果在機遇面前優柔寡斷、猶豫不決，就會失去了，因為機遇不等人。因循等待是人們失敗的最大原因，徘徊觀望是成功最大的敵人。許多人都因為對已經看到的機遇缺乏信心去抓住，因而就在猶豫不決的時候，他們卻不知道已經把機遇給錯過了。機不可失，時不再來。一旦有了機遇，就不必再左顧右盼，猶豫徘徊，應當機立斷，把握機遇，切莫錯失良機。在我們人生的道路上，遇到機遇選擇果斷堅定，就可能會品嚐到成功的歡樂。

把握機遇在於個人，當機遇擺在我們的面前時，有些人能夠抓住，這些人往往都是那些成功人士，他們善於抓住一瞬即逝的機遇。而有些人只是心動並沒行動，或者根本沒有覺得是千載難逢的機遇，結果錯失良機。有時上天賦予我們的機遇只有一次，抓住了就能成功，沒有抓住，就註定一個人要終生遺憾。所以，千萬別讓機遇像流雲一樣從我們面前飄然而過，應選擇果斷出擊，把握機遇。機不可失，時不再來。

選擇身邊的機遇——包有魚，無咎，不利賓

姤卦中說：「包有魚，無咎，不利賓。」意即廚房中有魚，沒有咎害，但不利於給賓客食用。對待出現在身邊的機遇要牢牢抓住，從時間和位置上佔據有利條件，免得機遇溜走。

法國傑出雕塑家奧古斯特．羅丹說過：「生活並不是缺少美，而是缺少發現美的眼睛。」同樣，生活中並不缺少資訊和機遇，我們只是缺少發現資訊、捕捉機遇的能力。如果具備洞察機遇的能力，即使在平常的生活中，也能發現難得的機遇。那些成功者並沒有天生的預測機遇的能力，他們只不過是在平時多留心、多觀察、多思考身邊的事物而已。

威廉在一家建材公司工作，每個星期只有五美元。在他進入這個公司工作的第一天，老闆就對他說：「你必須摸透這個生意的所有細節，這樣你才能對我們有用。」

「一個星期才五美元，有必要這麼認真做嗎？」與威廉一起進入公司的其他年輕同事不屑地說。

然而，其他同事的不屑並沒有影響到威廉，他仍工作得非常用心。

經過幾個星期的仔細觀察，威廉注意到，對於那些出口外國的商品帳單，老闆總會認真檢查。而那些帳單用的都是德文和拉丁文，於是，他開始學習德文和拉丁文，並仔細研究那些帳單。有一天，老闆在檢查帳單時突然覺得特別勞累和厭倦，威廉看到這種情況後，就主動幫助老闆檢查那些帳單。由於他工作得非常出色，以後那些出口外國的商品帳單自然就由威廉接管了。

一個月以後，老闆把他叫到辦公室對他說：「威廉，公司的外貿工作現在由你來負責。這是一個相當重要的職位。在我們公司有三十個與你年齡相仿的年輕人，只有你看到了這個機會，並憑藉自己的努力抓住了它。」

威廉的薪水很快就漲到了每個星期十二美元，一年以後達到了一百八十美元，並經常被派駐國外。他的老闆評價說：「威廉很可能在三十歲之前成為我們公司的股東。他已經從工作中看到了這個機遇，並盡量使自己有能力抓住身邊這個機遇。」

人都有一個通病，往往對發生在自己身邊的事情習以為常而視若無睹，也看不到日復一日的瑣事中有什麼值得挖掘的機遇。剛剛走入社會的年輕人很容易將機會與運氣混為一談，其實，機會與運氣是完全不一樣的。運氣有時候會在我們沒有任何準備的時候降臨，只要遇上，就會讓我們輕而易舉的直上青雲。而機遇，有時候會以挑戰者或挫折的樣子出現，只有那些在平凡工作中很用心並勇於接受挑戰的人，才能發現，並抓住機會。

每個人都會遇到這樣的情況，把握機遇或坐失良機，無論哪種選擇都會寫出不同的人生歷史。那些取得顯赫成就的人都是善於發現機遇，並能真正把握住機遇的人。拿破崙說過：「精幹的人利用一切，對所有能給他帶來更多機遇的一切，毫不放過。不精幹的人有時卻會輕易放過唯一的機遇，弄得把什麼都錯過。」姤卦中說：「包有魚，無咎，不利賓。」意即廚房中有魚，沒有咎害，但不利於給賓客食用。對待出現在身邊的機遇要牢牢抓住，時間和位置上都要佔有利條件，免得機遇溜走。在人生的某個階段，我們也許就能遇上對我們特別有利的機遇，抓住這種機遇就可以改變自己的處境，也許生活和工作就是另一番樣子了。如果放棄機遇，待時過境遷後，就會付出更加辛苦努力的代價，甚至因此會遺憾終生。

中國柏明頓人力資源管理諮詢公司董事長胡八一，原來只是松下電器公司的一名普通員工，後來因為一次出色的演講而改變了自己的職業生涯。

胡八一在剛進入松下電器工作時，主要是在各個部門和科室見習。見習完以後，松下公司對胡八一的評價是「膽大心細」，於是公司安排他做質檢員，主要負責檢驗微型馬達。

每天的早會是松下的傳統，從董事長到員工都要一起參加。每天輪流由一位員工帶讀〈松下精神〉，然後即興發表幾分鐘的感想。因為每次早會都有許多管理階層參加，所以很多人都很害怕，甚至有些人故意請假，能躲則躲。胡八一剛開始也很緊張，但由於自己是學文科出身，便很快適應了這種場合，並常常還能來一段精彩的演講。

有一次，胡八一早上上班時，在路上看到兩個騎車的人不小心發生了碰撞，其實雙方都沒有什麼損傷，但鬧到最後，卻是一個人受傷進了醫院，另一個人進了派出所。於是，針對此事，胡八一引用了聖經中一個寬恕待人的故事說：「儘管同事之間有合作、有競爭、有利益衝突，只要相互體諒，什麼事情都會海闊天空。」

此次演講贏得熱烈的掌聲，也給了胡八一很大的自信。從那以後，胡八一在早會都是主動發言。

他心裡想：「反正演講是我的強項，松下有這麼多的人才，難得有表現自己的機會。」

終於有一天，人事處將他調到人力資源部工作，胡八一成了一名人事專員。

經過在松下公司的磨礪，胡八一後來先後在杜邦、光輝國際做人力資源顧問。最後一步步走上了柏明頓人力資源管理諮詢公司董事長的寶座。

胡八一說過：「人在職業轉換過程中，在不斷積澱自己的同時，還需要時刻抓住身邊的機遇。如果沒有當初在松下早會上的演講，我今天也許只是一名高級質檢員。」很多時候，機遇就在我們身邊，而有沒有洞察機遇的能力則是決定事情成敗的關鍵。很多人往往從表面上探尋成功的原因，歸之於條件，歸之於機遇，而實際上起決定作用的是對機遇的敏感和洞察力。

機遇無處不在，只要肯留意身邊發生的事情，加上善於思考，往往會有改變命運的機遇降臨到你的身上。有人說「熱鬧的馬路不長草」，意思是說在別人習以為常的地方是不大可能會有生意的；也有人說「機遇的頭上是禿的」，意思是說你要善於從司空見慣的事情裡找出創意來。機會永遠只屬於那些留心觀察，並善於運用頭腦去思考的人。蘇格拉底就說過：「一個最有成績的成功者，並不是他有過人的才幹，而是他那些最善於利用每一時機去發掘開拓的人。」

其實，在我們生活中的無時無刻，都充滿了機遇。不會把握機遇的人總是抱怨，他們總是在說：「上帝，請給我一次機遇吧！」有的人在自己的一生之中總在尋找機遇，卻總又一無所獲。但對善於洞察機遇的智者而言，他們能從平凡的生活中發現最有價值的資訊和機遇，他們遇到的每一個人，經歷的每一個生活場景，都是他可能成功的一個機遇，只要能抓住這難得的機遇，即能比別人更接近成功。

小資訊隱藏大機遇——

無妄之災，或系于牛，行人之得，邑人之災

贏在選擇

《易經》無妄卦中說：「無妄之災，或系于牛，行人之得，邑人之災。」這告訴我們，人生處世要注重細節，絕不可在小事上、小的細節上疏忽大意。同樣，對善於把握機遇的人來說，也不要疏忽身邊的一些小資訊。資訊就是機遇，就是效益，就是創意與金錢。

對善於把握機遇的人來說，資訊就是機遇，就是效益，就是創意與金錢。資訊意識的強弱，利用資訊能力的高低，已成為衡量現代人是否具備競爭力的重要標誌之一。面對撲面而來的資訊大潮，有人無動於衷，有人不知所措，只有極少數胸懷大志的人，才會選擇開動自己的感官，去接納它，去佔有它，去利用它，進而「憑藉東風，直上青雲」。

一八六五年四月，美國的南北戰爭已經快要接近尾聲了。當時，市場上物質奇缺，豬肉的價格很貴。美國企業家亞默爾分析了這個情況，進而得出結論，目前的這種情況只是暫時的，只要戰爭停

止，豬肉的價格很快就會降下來。所以他對這場戰爭非常重視，天天看報紙，聽收音機，打探著戰事的最新消息。

一天，一則新聞吸引了他，內容是：在一位南方軍隊高級將領的營地附近，有一群孩子手裡拿著錢，問一位神父在哪裡可以買到麵包和巧克力。

孩子們說：「我們已經兩天沒有吃到麵包了！」

神父問：「你們的父親在哪兒呢？」

「我們的父親都是軍人，他們也是好多天沒有麵包吃了。有時他們會給我們拿回來一些馬肉，但太難吃了，嚼都嚼不動。」

在戰爭期間，關於缺少吃穿的新聞到處都是，但這則新聞卻引起了亞默爾的極度重視，他意識到這是一則非同小可的消息，這裡面有很重要的關於南北戰爭的資訊！他認為：南方軍隊供給缺乏是大家都知道的消息，不足為奇，但是南方軍隊的大本營裡發生這樣的事情卻不得不令人重視。供給缺乏已經到了宰殺戰馬的地步，也就是說，形勢已經十分危急。

所以，亞默爾預測到：戰爭就要結束了！時機來了，必須馬上行動。

他立刻與買家簽訂了一份以低於市場百分之二的價格賣出豬肉的契約。契約剛一簽訂，當地所有的經銷商都紛紛指責亞默爾把豬肉的價格壓得太低了！這樣做的結果，毫無疑問，是把大把的美元往別人的口袋裡扔。亞默爾低價賣出豬肉的消息一出，又有很多人找亞默爾訂契約。亞默爾來者不拒，又簽訂了一批出售契約。

果然不出所料：就在契約簽訂的幾天之後，戰局和市場都發生了根本性的變化，豬肉的價格一下子降到一文不值的地步。這時，那些經銷商們看到這樣的結果都追悔莫及，同時又非常敬佩亞默爾的遠見。

「資訊是機會，資訊是財富。」亞默爾的預測就是來自那張報紙上的一則不起眼的新聞。每天閱讀報紙上新聞的人何止千萬，但是真正看到並抓住了商機的卻只有亞默爾。原因很簡單，因為他是一個善於用發現的眼光，在各個新聞之間尋找著有利於自己的新聞資訊。他根據南方的戰況，然後再結合另一則消息的實際情況，進而挖掘了商機。

在資訊裡找不找得到機遇，關鍵在於我們有沒有獵犬般的嗅覺和入木三分的洞察力。當今社會是一個資訊社會，從某種意義上講，現代資訊比資本更為重要。資訊是決策的前提，「主意」來自資訊，一旦把它恰到好處的用在工作中，就會立刻化為財富，產生不可估量的效益。用拿破崙的話說就是：「誰掌握資訊，誰就掌握了世界。」

上帝對每個人都是公平的，他以相同的機會展示著上帝創世造人的祕密，只是我們在碌碌塵世中被過多的物慾矇蔽了視聽，竟然無法注意到。幾萬年前，從有蘋果開始，就已經是從樹上向地上落下來了，幾萬年後的今天它仍在落下，但古往今來只有牛頓一個人接受到了這一資訊，提出了萬有引力定律。資訊滿天下，專尋有心人。《易經》無妄卦中說：「無妄之災，或系于牛，行人之得，邑人之災。」這告訴我們，人生處世要注重細節，絕不可在小事上、小的細節上疏忽大意。同樣，對善於把握機遇的人來說，也不要疏忽一些小資訊。一則有價值的小資訊，一個準確的情報，說不定會使我們取得巨大的成功。

有位做食品生意的商人，平時很喜歡收集各方面的經濟資訊，並注意分析、思索它們之間的關聯。一天，他在收看電視臺的新聞節目時，看到關於英國和阿根廷的馬爾維納斯群島戰爭的報導，似有所悟，禁不住大聲地說：「馬島戰爭——馬肉生意！」

做為食品公司的負責人，他對食品方面的消息特別敏感。不久前，他從報上得知：日本的食品商最近到了中國內地。他們是去買什麼呢？現在看到馬島戰爭的新聞，這個疑團解開了：日本人向來喜歡吃馬肉，而且他們的馬肉主要是從阿根廷進口的，現在爆發的英國和阿根廷的馬島戰爭，必然會影響阿根廷的馬肉出口。因此，這位食品公司負責人認為，日本食品商是去內地買馬肉的。他覺得機遇來了：馬島戰爭，意味著可以做一筆相當可觀的馬肉生意。於是，他連夜帶人趕到內地。

果然不出這位負責人所料，日本食品商確實是到中國內地購買馬肉的。但是，由於他們需求量大，供貨的時間緊，內地有關部門一時難以辦到，正為送上門的生意卻沒辦法做而發愁。這時這位負責人找上門來，簡直可以說是「雪中送炭」。食品公司的負責人知道日本的馬肉價格正在一天天上漲，馬島戰爭打得火熱，何日能夠恢復從阿根廷進口馬肉還是一個未知數，因此在與日本食品商的談判中，馬肉的要價比較高，日本食品商仍然很痛快地答應了。

這位食品公司負責人憑藉自己的眼光和善於抓住機遇的能力，做了一筆好生意。

一則小小的資訊，有時候就蘊藏著無限的機遇。有的人即時地發現並抓住了它，有的人則視若無睹，視而不見。在生活中，電視、網路、報刊都能為我們提供廣闊的查尋資訊的環境。故事中的這位食品廠的廠長，就是憑藉電視新聞而給企業帶來了豐厚的收益。能抓住有效的資訊，就意味著為成功開闢了一片新的領域。所以，我們在平時一定要留意觀察周圍的事物，哪怕是那些看起來並不起眼的小事情，也要仔細觀察，深入思考。

當然，面對如潮湧起的資訊，如何捕捉到有效的資訊，則需要對令人眼花撩亂的資訊進行篩選、分析、組織、歸納和處理。千萬要注意，不能憑主觀因素而影響了鑑別的準確度，一定要客觀再客觀，沙裡淘金，去偽存真。接受資訊並對資訊進行分析和處理，才能形成有預見性的思維和獨到的見解。在資訊經濟中，這也是企業謀求生存的基本要求與能力。

訊息靈則百業興。在現在這個瞬息萬變的經濟大潮中，我們必須具備極高的應變能力，隨時做出正確的決策，而決策的基礎在於耳聰目明，獲取大量即時、準確的資訊。

不妨走自己的路——頻巽，吝

《易經》巽卦中說：「頻巽，吝。」是說頻頻徵求意見或頻頻接納意見，心無主見，猶豫不決，朝令夕改，這樣很不利，將會帶來後悔和惋惜。所以我們必須灑脫一些，勇敢地走自己的路。

在機遇面前，做自己認為正確的事情，無論成敗與否，我們都會獲得一種無與倫比的成就感和自我歸屬感。正如但丁的那句豪言：走自己的路，讓別人說去吧！

珍奈．法蘭姆是當今紐西蘭著名的女作家，二十世紀四、五〇年代，她出生在一個道德嚴謹的村落。在那裡，幾乎每個人都顯得十分強悍而有生命力。只有她卻恰恰相反，從小就非常怯縮，寧可被別人嘲笑膽小如鼠也不肯輕易走出家門。父母很為她擔心，也經常在她面前唉聲嘆氣，說這孩子如何如何的不正常，將來可怎麼是好。

她從小聽著這些說她不正常的話長大，也漸漸相信自己是不正常了。在小學的校園裡，同學們很容易地就成為可以聊天的朋友，她也很想和他們打成一片，可是就是不知道怎麼開口。沒上學時，家人是少和她交談的，似乎已經認定了她的語言表達有著嚴重的問題。家人只是嘆氣或批評，從來就沒有想到和她多聊幾句。入學年齡到了，進入一個更陌生的環境，和她的那些同學相比，她幾乎就是牙牙學語的程度。她想，她真的是不正常了。

最初，醫生給她的診斷是自閉症，也有診斷為憂鬱症的。為了幫她調整心態，父母不得不一次又一次為她轉換學校，但始終沒有太大改觀，只好把她送進了療養院。剛入院時，父母每月都來探望她，後來就漸漸懈怠下來，漸漸地好幾個月也不來了，似乎忘記了她的存在。就像小時候她們家兄弟姐妹四人，一聽到父親下班回家的開門聲，就會興高采烈地跑到門口纏著父親要糖果。有時糖果不夠分，晚出來的那個孩子就沒有，而這個孩子肯定是她。

從家裡到學校，從上學到進入社會，珍奈始終游離於社交圈子之外。大家覺得她和別人很不一樣，她總是用一些別人無法理解的字眼去講述一些瑣碎不堪的情緒。家人聽不懂，同學不明白，即使是對自己最好的老師，也認定她是一個患有嚴重囈語與妄想症的孩子。後來她住進了精神病院，有位醫生發現她害羞、極端內向、交談困難、有嚴重自閉傾向，有防衛、掩飾和幻想、妄想的習慣，十分喜歡用書寫的方式來表達自己。於是這位醫生要求她每天都動筆隨意寫寫，在任何方便的紙上寫下她想到的任何文字。儘管她的筆劃很工整，但是大段的文字畏縮地擠在一起，任何人閱讀時都是要費些氣力才能清楚辨別其中的意思，不過她的用詞卻十分敏銳，表達形式也很抽象，也可以說是十分的詩意。

在醫院裡的那些日子，無聊且茫然，珍奈索性就把自己寫的那些文字投了出去。沒有誰能想到，就是這些總是被別人視為不知所云的文字，竟然在一流的文學雜誌刊出了，並獲得了文學大獎。

珍奈出院了，她憑著獎金去了英國，帶著自己的醫療病歷到精神醫學最著名的Maudsly醫院報到。她在每星期二下午三點到三點五十分的固定會談過程中，不知不覺過了許多年，最後英國的精神科醫師才慎重地給她開了一張沒病的診斷證明。那一年她三十四歲。

珍奈從懵懂的童年開始，就被列入「奇異者」的行列，以致使自己也迷失了方向，相信了自己的「不正常」。但是事實證明，她並非真的有精神病，她在別人眼中的不正常，只不過是因為她天生的秉賦和氣質的透露而已。我們做任何事，尤其是在機遇來到之時，都不應過分在意別人的觀點，一個重要原因，是別人眾多，而你只有一個，如果處處顧慮別人的看法，那你必將喪失大好的機遇。

《易經》巽卦中說：「頻巽，吝。」是說頻頻徵求意見或頻頻接納意見，心無主見，猶豫不決，朝令夕改，這樣很不利，將會帶來後悔和惋惜。所以，就算是為了自己，我們也必須要灑脫一些，充滿信心地走自己的路。何況，在現今的社會生活中，有遠見者總是少數，遭遇孤獨寂寞和不被理解是很自然的事情。尤其在應當有所建樹的時候，如果過分看重別人的意見，那就很難抓住任何機遇了。

一位著名的歌手有次在接受採訪時說：「以前我很辛苦，因為我太在乎別人的感覺，太在乎其他人怎麼看我，所以，我活得很辛苦。現在，我學會了跟著感覺走，也能比較清楚地表達我的看法，我只是想活得比較輕鬆，不要那麼辛苦。」

拿破崙當初為了能夠擊敗英國和奧地利，決定翻過險峻的阿爾卑斯山。在翻山之前，他先派人探尋能夠穿過阿爾卑斯山聖伯納山口的路，然而探尋的結果並不令人滿意。拿破崙指著地圖上的一條小路問：「如果經由這條路直接穿過去有沒有可能？」那些人只是吞吞吐吐地回答說：「可能行的……還是存在一定的可能性。」「那就出發吧！」身材矮小的拿破崙堅定地說，絲毫沒有因為他人的弦外之音而動搖。誰都知道穿過那條道路的難度有多大，在此之前還沒有人能夠征服它。

當奧地利人和英國人知道拿破崙想要翻越阿爾卑斯山的時候，都嗤之以鼻非常不相信：「那可是一個從未有過任何車輪碾過的地方。更何況他還率領著幾萬人的軍隊，拉著笨重的大炮，帶著眾多的炮彈和裝備，還有大量的戰備物資和彈藥！」

然而，就當被困的馬賽納將軍在熱那亞與敵人殊死搏鬥時，拿破崙的軍隊猶如天兵一樣出現了。一直認為勝利在望的奧地利人不禁目瞪口呆，軍心開始大亂。他們無法相信，這個身高不到一百六十公分的小個子，竟有如此的勇氣與膽量，征服了他們心中一直是高不可攀的偉大山峰。

只要一個人在機遇面前，做好應該做的事情，就值得稱讚。在每做完一件事情時，都能夠使自己無愧於人，都知道自己能夠做些什麼。我們就可以理所當然地去抓住各種機遇，實現自己選定的目標，用不著在意別人的看法和眼光。每個人都可以用自己喜歡的生活方式，做自己喜歡做的事，人生短暫，何必讓自己委曲求全，更要避免給自己留下遺憾，做一個有個性魅力的獨特的自己才是最重要的。

不用過分地在意別人的看法，如果在機遇面前，心中存有各種顧慮只會使我們步入不幸之途。只要記住，機遇來臨時，我們只要大膽抓住就足夠了，這樣才能夠讓短暫的生命活得真實，活得坦蕩，活得自然！人生本來就是豐富多彩的，每個人的生命正是因為這種獨特而變得璀璨奪目。真正能夠活出自己風采的人是最幸福的人，也是最成功的人。

之體于心行于
雍正七年己酉

六 選方法——直、方、大、不習無不利

《易經》坤卦中說：「直、方、大、不習無不利。」意即為人要正直、通達，做事要目標正確，要講究方式和方法，即使做不熟悉的事情也不會有什麼不順利。做成一件事情，解決一個問題，一般都有許多種方法可以實現，但是，有的方法比較簡便，而有的方法卻很複雜；有的方法要付出較大的代價，而有的方法付出的代價卻很小……因此，我們在工作和生活中做事情，解決問題時，一定要選擇合理、適當的方式和方法，以較小的代價博取最大的成功。

兩害相權取其輕——

繻有衣枷，終日戒

《易經》既濟卦中說：「繻有衣枷，終日戒。」這是告誡我們，做人要有長遠的目光，做事要深謀遠慮。我們在選擇方法時，必須要學會全局在胸，始終保持一個廣闊的視野，善於權衡利弊，趨利避害或趨小害而避大害。

第一次世界大戰以後，信奉社會主義國家的蘇聯出現在歐洲的政治舞臺上，引起了資本主義國家一片恐慌。以英、法為首的多個歐洲國家都採取了扶持德國的政策，當德國統治者希特勒不斷威脅到歐洲和平時，英、法等國為了阻止蘇聯布爾什維克主義的「擴張」，竟對德國的侵略擴張實行綏靖政策。當蘇聯提議要建立歐洲安全體系以此挫敗希特勒的侵略計畫時，英國進行了極力破壞，並企圖把德國的擴張矛頭引向蘇聯，不斷地慫恿德國去攻打蘇聯。但可惜的是，德國並沒有去進攻前蘇聯，反而將禍水引向了自己。

綏靖政策的破產，使那些執行綏靖政策的人在國內外受到了嚴厲譴責。在此危急的形勢下，英國前首相邱吉爾臨危受命，組建了英國的戰時內閣。邱吉爾本來也是一個反對社會主義國家的人，但他也很講究現實。他認識到，當前的更大威脅不是蘇聯，而是德國，如果希特勒贏得了這場戰爭，後果將不堪設想，甚至會威脅到整個世界的和平與安全。與希特勒相比，蘇聯的危險已經退居到次要地位。因此，必須要先打垮希特勒，其他事情以後再說。而且要想早日打敗希特勒，還應該與蘇聯結盟。

邱吉爾確實做出了明智而正確的抉擇。一九四一年六月希特勒進攻前蘇聯時，邱吉爾發表了演說，在演說中，他鄭重宣布英國將以無比堅定地立場和蘇聯並肩做戰，共同抗德，直到徹底打敗希特勒為止。

正是邱吉爾的這一外交戰略，使英國與蘇聯這對宿敵坐到了一起，全世界各反法西斯國家也在蘇、英、美的周圍結成了牢固的聯盟，最後終於徹底打敗了法西斯國家。

「兩害相權取其輕」，一個高明的指揮人，必須善於權衡利弊，學會全局在胸，趨利避害或趨小害而避大害。邱吉爾做到了這一點，因為他知道，德國和蘇聯相比，雖然都對自己的國家存在威脅，但德國的危害更大，所以他選擇了聯蘇抗德這一戰略方針。

「兩害相權取其輕」出自於章炳麟《答某書》一書：「蓋聞兩害相較，則取其輕，與其使察、綏兩省，同為日有，不如以一省付之共黨之為害輕也。」「兩害相權取其輕」，意思是說人們決策時，在無利皆弊的特定條件下，經過權衡總是會選擇害處小的方面。兩害相權取其輕，是極簡單明白的道理，頭腦清醒的人都知道。但人的頭腦經常是不夠清醒的，捨近而求遠，捨大而求小，趨害而避利……都是經常發生的事。

在工作和生活中，每個人都會遇到很多難以選擇的問題，我們能否像下面這個故事中的彼得那樣鎮靜，真正做到兩害相權取其輕呢？

彼得從小聰明好學，中學念書時就有一個外號叫「無敵神童」。在他身上，有著天才通常有的那種個性：任何時候都相信自己的判斷，不因世俗的偏見矇蔽自己的心靈。上大學時他最初學的是法律，但他很快發現自己喜歡的是做生意，於是便轉到了商學系。

大學畢業後，彼得在英國陸軍服役，幾年軍旅生涯的磨練，使他學會了應該怎樣決策。他總是能在別人舉棋不定的混亂局面中大膽拍板，很少有猶豫不決的時候。這一素質成為他日後在商場大顯身手的法寶。

退役以後，彼得進入英國石油公司工作。他膽量過人的鮮明個性給人們留下了深刻印象，那些棘手的、具有挑戰性的任務，他們都喜歡交給彼得去辦，因此，大家送給他一個外號叫「突擊隊長」。他的職務也屢獲升遷。幾年後，即被任命為商務部副總裁，負責北美業務。

蘇伊士運河一直是英國石油公司的主要航道，埃及和以色列之間的六五戰爭爆發後，蘇伊士運河被關閉，英國石油公司被迫改變航道，從非洲好望角繞行。因此，船舶運輸問題便變得十分重要。公司緊急召回彼得，任命他為總經理特別助理，主管船舶租用與調度事宜。

一天下午，彼得忽然接到租船部主任打來的一通緊急電話：「奧納西斯問我們是否租用他的油輪。他要求馬上答覆。」奧納西斯是著名的希臘船王，他的油輪因埃及和以色列之間的這場戰爭變得特別紅火，所以他開給英國石油公司的條件很苛刻：要嘛全部租用一年，要嘛一艘都不租，而且價格也比平時高很多。奧納西斯的油輪總噸位高達兩百五十萬噸，全部租用一年，租金將是一個天文數字。租船部主任不敢定奪，不得不向彼得請示。

租？還是不租？彼得一時也無法決策。決策的關鍵是六五戰爭將打多久？如果時間長，運輸吃緊的問題將會繼續加劇，無疑必須租用奧納西斯的全部油輪。但如果戰爭很快結束，高價租用大批超過需要的油輪，無疑是一個重大損失。在當時的情況下，沒有人能判斷戰爭會進行到什麼時候，彼得自然也無法預知。那他應該如何決策呢？

彼得感到遇上了平生最難做出的一個決定，這就好像足球守門員撲救一個點球，無論撲向左邊還是右邊，都可能是錯誤的，儘管也可能是正確的。在這種情況下，即使召開一個董事會，也不可能商量出一個正確答案，除了浪費時間和給自己減輕決策責任外，沒有任何好處。於是，他將自己關在屋子裡，認真權衡得失。五十五分鐘後，他終於做出決定：租！

他認為：如果租用奧納西斯的全部船隊而戰爭很快結束，公司將蒙受重大損失；如果不租用他的全部船隊而戰爭延續時間很長，公司的業務將面臨嚴重困境。前者是局部損失，而後者卻是大局受損。為保大局而冒局部風險是值得的。

彼得做出了一個明智的決策：隨著中東戰爭的繼續，油船租金暴漲，船運異常吃緊，英國石油公司卻未因這場船災受到太大影響。

後來，彼得成為英國石油公司的靈魂人物，四十一歲那年，他榮登總裁寶座。

彼得最後能夠做出正確決定，正是藉助於「兩害相權取其輕」這一法則，因為不管是租還是不租，都可能對公司造成損失，但從長遠的角度來看，租相對來說損失要小很多。《易經》既濟卦中說：「繻有衣枷，終日戒。」這是告誡我們，做人要有長遠的目光，做事要深謀遠慮。

有個貧苦的孩子，某日在山裡打柴，不小心被毒蛇咬傷了手。這個孩子只覺得傷口那裡是難以忍受的疼痛，而醫院在遠處的小鎮上。孩子毫不猶豫地用鐮刀割掉受傷的手指，然後忍著巨痛艱難地走到醫院。孩子的選擇對常人來說是難以想像的，但他是對的，失去一根手指總比失去整個生命要好得多。所以，當我們在工作或生活中遇到非常難以選擇的問題時，主動放棄局部利益而保全整體利益，是最明智的選擇。

換個角度想問題——師左次，無咎

《易經》師卦中說：「師左次，無咎。」次，止。師左次，軍隊止於無用之地。居無用之地，就不會與敵人正面衝撞而發生凶險，所以，沒有災咎。在處理許多事情時，只需要我們選擇換個角度去認識問題，即時轉換目標，就能取得事半功倍的效果。

有兩個人準備打官司，他們知道這個法官是一個非常正直的人。其中有一個叫柯德的人對律師說：「律師先生，如果我在開庭之前送一件禮物給法官，並附上我的名片，您認為怎麼樣？」

律師：「那您一定是瘋了？您會立刻因賄賂法官而輸掉這場官司！」

但沒想到，最後的結果是柯德贏得了這場官司。他得意地對律師說：「我沒聽從您的勸告，還是給法官送了一份禮物！」

律師連連搖頭說：「這怎麼可能！這個法官我非常熟悉，他絕對是一個廉潔的人，從不收別人的賄賂！」

「那是可能的！」柯德解釋道：「只是我在送禮物時附上了對手的名片。」

柯德的做法當然不值得提倡，但我們從這個故事中可以悟出這樣一個道理：在處理許多事情時，只需我們選擇換個角度去考慮問題，便能取得令人意想不到的效果。《易經》師卦中說：「師左次，無咎。」次，止。師左次，軍隊止於無用之地。居無用之地，就不會與敵人正面衝撞而發生凶險，所以，沒有災咎。我們在工作與生活中遇到困境或難辦之事時，不要正面與之衝突，而應該選擇換個角度思考問題，進而衝出困境，解決難題。

一九一八年，吉諾·鮑洛奇生於美國明尼蘇達州一個貧窮的礦工家裡。十四歲時，鮑洛奇就在杜魯茲食品商大衛·貝沙所擁有的連鎖食品店當了送貨員。由於他工作認真負責，經理讓他當了售貨員。

多年來，貝沙一直想物色一個能幹的年輕人做自己的接班人。當他聽說鮑洛奇是一個做生意的好手時，便把他調到杜魯茲總店，親自對他進行培訓。

鮑洛奇初到總店時老闆給他安排在設在杜魯茲最繁華的街道上賣水果，他的周圍有很多水果攤，由於競爭激烈各個攤位都使出渾身解數，想盡一切辦法來拉攏顧客。可是因為鮑洛奇很會把握顧客的心理，他的銷售業績一直都很好。

有一次，由於水果冷藏廠起火，致使許多香蕉被烤得皮上生了很多小黑點。貝沙先生把這些香蕉交給鮑洛奇，讓他趕緊低價賣掉。可是那些香蕉外觀不好，雖然鮑洛奇將價格降了將近一半，仍然沒有顧客來買。鮑洛奇很鬱悶，隨手剝開一根香蕉，他發現這些香蕉的皮雖然黑的令人討厭，但裡面的香蕉肉還是好的，也因為經過煙火燻烤的緣故，這香蕉的味道反而有些特別。於是他靈機一動，心裡有了想法。

第二天一大早，鮑洛奇特意把那些香蕉放到顯眼的位置，並且拿著一根肉質很漂亮的香蕉大聲吆喝：「快來看啊快來買呀！最新進口的阿根廷香蕉，南美風味，全城獨此一家，來晚了就買不到了呀！」經他這麼一吆喝，很多人被吸引過來。鮑洛奇特意讓一位年輕的女士親口品嚐他的那些「進口香蕉」，並讓她說說這些香蕉的味道。那個女士大聲誇讚那根香蕉：「嗯，確實有一種與眾不同的香味。」並當場買了十磅。由於那位女士帶了頭，再加上鮑洛奇的鼓動，這些香蕉居然以高出市場價格一倍的錢數賣完。

鮑洛奇在銷售上越做越出色，甚至連別的公司也知道他的大名。後來，他被一家在當時很有名氣的老牌雜貨批發商——尼爾遜公司，高薪聘請去開拓公司始終無法打入的北方市場。鮑洛奇憑藉自己獨特的銷售思維在銷售業一直名列前茅，他的收入竟超過了公司老闆！

遇到困難選擇換個角度思考是化劣勢為優勢的條件，鮑洛奇就是透過換個角度思考，將受損香蕉與進口香蕉聯想在一起，進而找到了解決辦法，成功地將那麼多被烤香蕉銷售一空。只要開動腦筋，這種奇妙的聯想並不難找到。很多時候，人們在解決問題的過程在許多方面都是對的，只是思路不對，一條路走到黑，結果碰得頭破血流。現代的社會，是最需要創意的社會。這種創意往往來自於「換個角度」思考問題的結果。

周新是一家外商的高級主管，他正面臨著一個兩難的境地。一方面，他非常喜歡現在的工作，也很滿意現在的待遇——他的職位使他的薪水只增不減。另一方面，他又非常討厭自己的上司，甚至已經到了忍無可忍的地步。在經過慎重思考之後，他來到了獵人頭公司，他想重新找一份工作。獵人頭公司告訴他，以他的條件，找一份好工作並不成問題。

回家以後，周新把情況告訴了他的妻子。他的妻子是一位教師，那天剛剛教學生如何重新界定問題，也就是把你正在面對的問題換一個角度思考——不僅要跟你以往看問題的角度不同，也要和其他人看這問題的角度不同。她把課本的內容講給了周新聽，這讓周新有了啟發，在他腦中浮現出一個大膽的想法。

第二天，周新又來到獵人頭公司，但他這次是替他的上司找工作。不久，他上司接到了獵人頭公司的電話，說要高薪聘用他去別的公司高就。當然他並不知道這是他的下屬周新的主意，但他正好也已經厭倦現在的工作，所以沒有考慮多久，他就接受了新的工作。

上司接受了新的工作，他目前的位置也就空出來了。周新申請了這個位置，於是他就坐上了以前的上司的位置。

周新本來是想替自己找個新工作，以躲開令自己討厭的上司。但他的妻子教他換一個角度想問題，就是為上司而不是讓自己換一份新的工作。結果，他不但擺脫了令自己討厭的上司，仍然從事著自己喜歡的工作，而且還得到了高升。在工作與生活中，我們解決問題時，時常會遇到瓶頸，這是由於我們只在同一角度看問題造成的，如果能選擇換一換視角，也就是說換一換角度思考問題，我們就可以從認知上解決問題，一旦從認知上解決問題，也就從根本上解決了問題。

我們生活在這個世界上，需要知識，也需要智慧。知識可以讓人戰勝困難，走出低谷；機智的人可以輕而易舉的就獲取成功。而遇到問題選擇換個角度去思考，就是一種智慧，一種超凡的智慧，一種走出困境的法寶。

逆向思維尋突破——

大過，棟橈，利有攸往，亨

《易經》大過中說：「大過，棟橈，利有攸往，亨。」意即做事打破常規，實行大的飛越，如同蓋房架起了大樑、行船用起了槳。這是會得到好處的，而且會通達、順利。當我們依靠常規方法不能很好地解決問題時，不妨變換一下思考的角度，採用「逆向思維」方式，從事物的反面入手，有時可能會收到意想不到的效果。

老子曰：「反者，道之動也。」意思是一種反常規的做法往往是萬事萬物運行規律的體現。人們似乎已經習慣於沿著事物的發展方向去思考問題，並尋求解決辦法。其實，在遇到某些問題的時候，尤其是一些特殊事件，從結論往回推，倒過來思考，反過去想或許會使問題簡單化，使解決它變得輕而易舉。華人企業「教父」、宏基創始人施振榮說過：「年輕時，我就有跟別人不一樣的想法，他們想考醫科，想出國，我都是走自己的路，也照樣能做得更好。善用反向思考，才有屬於自己的路走，還能幫助自己突破人生與事業經營的盲點。」

春秋戰國時代，梁國和楚國相鄰，卻一直處於敵對狀態。於是雙方都在邊界設了哨卡，派少量士兵駐守。士兵們平時沒事的時候，都在各自的地界種瓜。兩邊的瓜田緊挨著，土質差不多。由於梁國士兵比較勤快，經常澆水，所以瓜苗長得很茂盛；楚國士兵比較懶惰，平時很少澆水，所以瓜田裡苗稀葉枯。看著對面茂盛的瓜苗，楚國士兵非常嫉妒，晚上悄悄溜過去，將瓜苗全給拔起來了。

第二天，梁國士兵看見自己的瓜苗慘遭楚國士兵的毒手，一個個怒火中燒，恨不得馬上以牙還牙，報復回去。但為了避免引起更大的的糾紛，他們還是決定向縣令宋就報告，請示處理辦法。

宋就聽完士兵們的報告以後，給士兵們出了一個主意：「既然他們偷偷蹧蹋你們的瓜苗，你們就悄悄地去給他們的瓜苗澆水。他們的瓜苗長好了，就不會蹧蹋你們的瓜苗了。」

士兵們都被宋就弄得莫名其妙：「他們無緣無故侵犯我們，而我們還反過來幫助他們，天下哪有這樣的道理呀！這不表示我們怕了他們嗎？」

「那你們認為應該怎麼樣呢？」宋就問。

「應該以牙還牙，把他們的瓜苗也給拔了。」士兵們都狠狠地說。

「你們認為，他們這樣做對嗎？」宋就耐心地問。

「不對！」士兵們異口同聲的答道。

「你們知道他們做得不對，為什麼還要像他們一樣呢？」宋就又問。

「他們是侵犯，我們是反擊。」士兵們大聲說。

「給他們的瓜苗澆水，不正是一種反擊的方法嗎？」宋就笑著說。

士兵們思索了一陣，覺得宋就的話也有道理，於是報復的心理也就慢慢消除了，給楚國的瓜苗澆起了水。

當楚國士兵發現梁國士兵以德報怨之後，感到非常慚愧。他們將這件事報告了縣令。楚國縣令認為對方士兵的素質比本國士兵的素質高得太多了，也很慚愧，就將這事報告了楚王。楚王當即派使者出使梁國，奉上禮物，表示交好之意。

《易經》大過中說：「大過，棟橈，利有攸往，亨。」意即做事打破常規，實行大的飛越，如同蓋房架起了大樑、行船用起了槳。這是會得到好處的，而且會通達順利。當我們依靠常規方法不能很好地解決問題時，不妨變換一下思考的角度，採用逆向思維方式，從事物的反面入手，有時可能會收到意想不到的效果。梁國縣令宋就是運用逆向思維的方法，解決了兩國士兵的矛盾。按正常道理來說，對於楚國士兵的挑釁，梁國應該以牙還牙，但宋就並沒有這樣做。因為他知道，如果以牙還牙，只會將事情弄得更糟，倒不如以德報怨，讓楚國士兵自感慚愧，進而化解爭端。結果，正如他所願。

某個事件發生後，當大家用一個固定的思維方式思考問題時，而你卻獨自朝相反的方向思索，這種與常規不同的思維方式，是用絕大多數人沒有想到的方式去思考問題的關鍵。這就是我們說的逆向思維。運用逆向思維去思考和處理問題，實際上就是以「出奇」去達到「致勝」。例如「司馬光砸缸」，有人落水，常規的思維模式是「救人離水」，而司馬光卻運用了逆向思維，抱起石頭果斷地砸破水缸「讓水離人」，救了小夥伴性命。有意識地打破常規思維模式，「反彈琵琶」，將有可能會取得獨特的效果。

「金利來」領帶是一個享譽市場幾十餘年的名牌，它的創立者曾憲梓是一位白手起家的創業英雄。曾憲梓的原籍是廣東，後移居香港。在起初的求職過程中，他到處碰壁，吃過不少苦頭，做過各種別人眼中的低賤工作，甚至當過男保母，給人看家帶孩子。

在三十四歲那年，曾憲梓用多年積攢的六千港元，創辦了一個製作領帶的手工作坊。經過幾年的辛苦打拼，生意越做越好，並創出了「金利來」這個名牌，在香港市場上大受歡迎。

正當曾憲梓自信滿滿，準備大展鴻圖之際，不料中東爆發埃以戰爭，引起世界石油危機。受此影響，香港市場一片蕭條，公司紛紛倒閉，社會購買力急劇下降。很多企業為了熬過這一關，紛紛拋出「大減價」這一殺手鐧，火拼有限的市場。「金利來」領帶也面臨嚴峻挑戰，訂單急劇減少，產品積壓嚴重，眼看就要步入破產的邊緣。

剛開始時，曾憲梓也準備採用減價促銷的方法，但他轉念一想：大家都在減價，我也減價，能起到什麼作用呢？跟別的名牌領帶相比，「金利來」的價格原本就偏低，勉強降價，利潤就沒有了，而且有失名牌身分。然而，公司的現狀太不樂觀，若不做一些改變，後果將不堪設想。那麼，如何變呢？曾憲梓做出了一個嚇人一跳的決定：提價。

在市場如此低迷的情況下漲價，顯然有悖常理，以致公司內部的人都認為這簡直是「發神經」。不過誰能料到，正是這個「逆流而上」的決定拯救了「金利來」：當其他領帶廠商大打價格戰的時候，「金利來」的漲價，儼然是在向市場宣告自己的尊貴身分，使那些在不景氣時仍買得起領帶的人都覺得買「金利來」比較有面子。這樣一來，「金利來」的銷量迅速攀升，很快就擺脫了危機。以此為起點，曾憲梓在香港確立了「領帶大王」的地位。

解決問題的方式和方法是很多的。由於事物總是在正與反的方向轉換，所以，有時候我們需要改變自己解決問題的方式，從相反的方面思考問題，我們的難題也許能轉入一種新的境界。曾憲梓之所以能使企業在危機中殺開一條血路，走向新生，正是藉助於那個「逆流而上」的決定。在當時的情況下，按正常的競爭原則應該是降價銷售，但曾憲梓卻認為，大家都減價，我也減價，那無法使企業度過危機，只有做出與眾不同的決定，才是正道。於是，他在別人都在減價銷售的情況下，做出了有悖常理的決策——漲價，進而拯救了「金利來」。

可見，在日常工作與生活中，常規思維難以解決的問題，透過逆向思維卻可能輕鬆破解。合理的運用逆向思維會使我們尋覓到一條更通順的道路，在別人沒有注意到的細節上有所發現，有所建樹，進而致勝於出人意料。逆向思維還會使我們在多種解決問題的方法中，獲得最佳方法和途徑。逆向思維最寶貴的價值，是它對人們認知的挑戰，是對事物認知的不斷深化。我們應當自覺地運用逆向思維方法，創造更多的奇蹟。

避開鋒芒，以退為進——

遁，亨；小利貞

贏在選擇

《易經》遁卦中說：「遁，亨；小利貞。」即時退出，亨通，不太利於固守不變。我們在工作與生活中，應該懂得退與進的辨證關係。任何人都不可能永遠向前進，也不可能總是一帆風順，選擇退讓和躲避有時是很必要的，甚至是趨利避害的上策。

西漢戴聖在《禮記．曲禮》中記載：「進退有度，左右有局。」每個人在工作與生活中都會有很多次選擇進退的時候，有時在某些事上應該選擇更進一步，而有的時候則應該選擇退一步。一個人擁有著堅定的信念，對什麼事情都抱有「不達目的誓不甘休」的心態固然很好，但是，如果面對的是確實難以逾越的障礙，還一味地往前衝，只會頭破血流，徒勞無功。此時，不妨後退一步，或拐個彎從旁邊經過，皆不失為一種好的方法。許多成功人士之所以成功，不是只懂得進，他們更懂得退，懂得張弛有度。

一個日本商人在東京開了家經營中國菜的餐館，生意相當好。不久，有兩個中國留學生在它對面也開了個中國餐館，因為他們是中國人，本國菜當然做得好，把這位日本商人的生意搶走了不少。

看到這種情況，餐館經理很著急，與老闆商量如何與對面競爭。誰知老闆卻讓人每天去對面買一份中國菜，認真研究。一個月後全部買齊了，然後就在當地的報紙上大做廣告全力推出這些菜餚，每款菜餚的價格均比對面貴很多。對於此舉，經理萬分不解，覺得老闆瘋了，這不是給人家做免費廣告嗎？這位日本商人笑著對他說，我就是要對面的餐館迅速發展起來。

果然，時間不長對面那兩個留學生的餐館賺了大把銀子，他們從當初租的一個小店面發展到買下了兩層樓，那兩個留學生的個人生活也變得奢侈起來，進出都有人開車，而且都不再親臨「前線」，最後發展到經常為分錢而爭吵。日本商人認為時機已到，突然大規模推出與對面同樣的中國菜，並且價格比中國留學生餐館的菜系還要便宜三分之一，不到半年的時間，便一舉擊敗了競爭對手，並收購了該餐館。

後來，這位日本商人對此舉解釋說，那兩個中國留學生創業時，心很齊，如果當時與他們競爭，雖然給了他們壓力，但是他們的競爭策略也會更多，我打不起「持久戰」，必敗無疑。讓他們迅速發展起來，感到沒有壓力，也就不齊心了。這時發起攻擊，必然獲勝。

這位日本商人的確不簡單，對市場的預測可謂精準絕倫。日本商人知道，很多企業在創業之初都能「共苦」——團結打天下，但等到企業發展壯大以後反而不能「同甘」——精誠合作，因而即使企業規模已經很大，實質卻非常脆弱，承受不了競爭的壓力。於是，他便選擇了以退為進的策略，先幫助那兩個中國留學生的餐廳發展壯大，而自己卻退入一旁，等到它外強中乾的時候，再發起進攻，一舉把它打垮，進而奠定了勝局。

當自己處於弱勢時，應採取退讓的方針，避開強者的鋒芒，保存自己的實力。任何人都不可能永遠向前進，也不可能總是一帆風順，選擇退讓和躲避有時是很必要的，甚至是趨利避害的上策。遁卦中說：「遁，亨；小利貞。」即時退出，亨通，不太利於固守不變。《易經》遁卦中說：「遁，亨；小利貞。」即時退出，亨通，不太利於固守不變。我們在工作與生活中，應該懂得退與進的辨證關係。

曾有一位留學美國的電腦博士，畢業後去找工作，因為自己擁有博士頭銜，所以求職的標準訂得很高。結果他屢屢碰壁，很長時間都沒有找到工作。經過一番思考，他決定收起所有的學位證明，以一種最低身分再去求職。

時間不長，他就成了一家公司的程式人員。雖然這對他來說是大才小用了點，但他仍然很認真工作。不久，老闆就發現了他在電腦程式中的一些知識才能，這當然是一般程式設計師做不到的。這時他才亮出了自己學士證，於是，老闆便給他換了一個相稱的工作。在工作中他時常能提出獨特且非常有價值的建議，這對一般的大學生來說，是很難做到的，這時他拿出了他的碩士證書，於是老闆又提升了他。

又過了一段時間，老闆覺得他的工作還是與眾不同，此時他才拿出博士證書。經過前一段時間的工作，老闆對他的個人能力已經有了全面的瞭解，便毫不猶豫地委以重任。博士終於獲得了理想的職位。在他直線求職失敗後，他沒有灰心喪氣，並採取曲線循序漸進的方法，終於如願以償。

這個博士的求職藝術堪稱極妙，他先放下身分和架子，甚至讓別人看低自己，然後再去尋找全面展現自己才能的機會，讓別人對他一次次地刮目相看。有時候不進反退是為了找到更好前進的路子。如果在形勢不利於自己的時候去硬打硬拼，那樣，有可能是以卵擊石，自尋死路；也有可能是兩敗俱傷，損失慘重。在這種時候，我們應該先退幾步，以求打破僵局，為自己積蓄力量贏得時機。

在軍事上，退是一種戰略戰術，通常是詐敗退卻，令敵人驕縱輕敵，墮入己方預設的陷阱之中。當自己沒有和對方抗衡的軍事實力時，就要選擇避其鋒芒，採取退縮的方法以保存實力，而尋找機會去壯大自己的實力，等待時機再與對方爭鋒。劉邦接受項羽的封贈，退居漢中，祕密練軍，便是善用退的戰略。等到實力壯大之後，從陳倉出兵，幾經戰陣，最後逼令楚霸王項羽在烏江自刎，劉邦最後一統天下。

以退為進，是一種藝術，也是競爭中的一種策略，這種曲線的競爭方式有時比直線的方式更有成效。歷史上經歷了臥薪嚐膽之苦後的勾踐，還有那個忍受胯下之辱的韓信以及藺相如「不欲與廉頗爭列，引車避匿」，他們都可謂深諳進退之道。其實，他們所謂的讓步只是暫時的退卻，為了進一尺有時候就必須先做出退一寸的忍讓，為了避免吃大虧就不應計較吃點小虧。

一個深諳進退之道的人，才能審時度勢，洞悉對手的意圖，並審視自己處境，進而知進識退，有節有距，進退之間揮灑自如，才能在與人競爭中立於不敗之地。

借他山之石攻玉——

《易經》離卦中說：「離，利貞。亨。」在自身的羽毛未豐、力量不足，特別是面臨困難和危險時，依附於強而有力的人物或集團當然是有利的。要想快速實現自己的理想和目標，我們必須藉助外界的力量。

有三個人比賽摘蘋果，這三個人中，有一個身手很敏捷，有一個個子比較高大，只有一個個子比較矮小。大家也許都認為身手敏捷的那個人或高個子最有可能獲勝，但想不到的是，最後取得勝利的人卻是那個矮個子。

原來，他們要摘的蘋果位置都很高，很多都在樹梢。身手敏捷的那個人雖然可以爬樹，但樹梢的那一部分，他卻很難搆著。高個子儘管一伸手就能摘到一些果子，但也畢竟有限。矮個子一看此種情形，認為要摘到樹梢的蘋果，必須要藉助梯子。於是趕緊往門口跑，從看門老頭那兒借了一部梯子，結果，他摘的蘋果比其他兩人都多。

上面這件事情其實並不是一個純粹的故事，而是一道考題，是某公司讓三位應徵者去果園摘水果。公司主要考的是如何贏得別人的幫助和協作的能力。從選擇的角度上看，選擇借到梯子的方案是最好的。借是一種學問，一門博大精深的學問；也是一門藝術，一門沒有符號載體的藝術。借的成語有很多，借雞生蛋、借風騰雲、借腹懷胎，借名釣利等等無不是突出一個「借」字，這個「借」字是說藉助一些外部力量而謀求自己的發展。帆船出海，風箏上天，無不是「好風憑藉力，送我上青雲」。古往今來，凡是有所作為的人，都把「借力」做為謀略而廣泛地加以運用。

用荀子話說就是：「藉助於車馬的人，省了自己力氣不必自己跑得多快，卻能遠行千里；藉助於舟船的人，自己不必會游泳，卻能安然渡過江河。每個人剛出生的時候都跟別人差不多，只是因為他善於藉助和利用外物，所以就不同了。」鉅富陳永泰說過：「聰明人都是透過別人的力量，去達成自己的目標。」會借者能點石成金，能在危敗之際力挽狂瀾；不會借者，即使有天時、地利、人和，最後也難以逃脫失敗的結局。在人短暫的生命旅途裡，若想成就一番事業，不藉助於別人的思想、能力、智慧、資金等各種可借之物，是很難想像的。

美國船王路維格最初打算貸款買下一艘貨船，改成油輪，因為載油比載貨的利潤更高。一切計畫妥當後，他立即趕赴紐約找銀行商談貸款事宜。

銀行問他用什麼做抵押。路維格說他有一艘油輪可以做為抵押。他的想法是，那艘油輪租給一家石油公司，每月收的租金，正好可以做為分期每月償還他要借的這筆款子。因此，他建議把租契交由銀行保存，由銀行去收取那家石油公司的租金，這樣就等於石油公司替他分期還款。

這種做法乍聽起來有些荒謬，因此許多銀行都不願意接受。其實，這對銀行來說風險並不大。路維格本身的信用也許不足為道，但那家石油公司的信用是可靠的。所以，石油公司按月付錢肯定沒問題。路維格把石油公司提出來，正是要藉助別人的信用來達到確立自己信用的目的。

後來，路維格終於說服了大通銀行，如願買了他所要的舊貨輪，改裝成油輪，並且順利地租了出去，然後再利用它做抵押去借另一筆款子，進而再買另一艘船。幾年以後，路維格的現金狀況、信用情形都建立了起來。每當一筆債付清之後，路維格就成了某艘船的主人，租金也就直接進了他的口袋。

一次，路維格又產生了一個令人意料不到的想法——既然可以用一艘現有的船來借錢，為什麼不能用一艘還沒有建造的船來借錢呢？路維格是這樣打算的：他把油輪或其他船隻的設計圖畫好，而且依靠自己手裡的圖紙找到顧客，讓其答應在船隻完工的時候，就會租借過去。果然，路維格透過延期分期付款的方式，從銀行裡又借到了錢。並且和銀行約定，等船下水之後才能開始收錢。船一下水，出租費用就可轉讓給銀行，於是這項貸款就逐漸付清，風險同樣並不大。

當這種獨創的貸款方式發揮得淋漓盡致後，路維格就開始著手建立他的財富帝國了。最初他先租借了別人的碼頭和船塢，繼而又借到別人的錢來建造自己的船。他的小造船公司成立之後，在二戰期間，美國政府購買了他所有的船。於是，他的造船公司迅速成長為大型企業。

路維格一文不花就實現了他的發財夢，原因何在？「借風使力」正是他的過人之處。古人有「四兩撥千斤」的說法，四兩何以敵千斤，是因為前者善於借，它利用借力擊敗對方。借外力幫助自己，不應僅限於狹義的藉助，就是說，這種藉助不僅是財物意義上的借，也有尋求幫助意義上的借，所有人類對於外在事物的利用，都包含在我們借的概念之中。為了達到個人目的，我們不僅要借錢、借物，還要借智、借力，借機、借路，借局、借勢，借地、借天，使天地萬物無不成為藉助的對象。《易經》離卦中說：「離，利貞。亨。」在自身的羽毛未豐、力量不足，特別是面臨困難和危險時，依附於強而有力的人物或集團當然是有利的。要想快速實現自己的理想和目標，我們必須藉助外界的力量。

赤壁之戰後，曹操擔心劉備羽翼豐滿，以後難以駕馭。為了在劉備西取西川之前，將其遏制，他欲起兵三十萬，先攻江東，徑取江南，再平荊州。孫權得到消息，急忙讓魯肅發書到荊州，邀劉備通力拒曹。諸葛亮看完信說：「我們不消動用江南之兵，也不消動用荊州之兵，自使曹操不敢正覷東南。」諸葛亮採取的方法，就是藉助馬超這一外力來抵禦曹操。諸葛亮瞭解到，曹操不久前殺了征南將軍馬騰，而馬騰之子馬超尚統領著西涼之兵。馬超與曹操有殺父之仇，切齒之恨，「而曹操生平所慮者，乃西涼之兵也。」諸葛亮瞭解到這種矛盾，就藉此機會，讓劉備寫信給馬超，唆使馬超為父報仇。馬超果然起兵，一舉攻下長安。曹操見長安失去，就顧不上再起兵南征了。這在歷史上叫做「以交代兵，借力禦敵」。

這種軍事上的謀略，今天同樣對競爭籌措有一定的啟發。例如，遇到某種外來的干擾或阻力，自己又沒有精力或實力加以排除，那麼，諸葛亮的「借力禦敵」之法，也值得借鏡。一個人的力量畢竟是有限的，那麼要想完成預定的目標，做出更加卓著的成績，就不能侷限於狹小的個體範圍，而必須開闊眼界，抓住時機，藉助一切可以利用的「外力」，截長補短，爭取用最小的投入取得最大的產出。

借是一門藝術，它值得我們一輩子揣摩它，研究它，使用它。借是一種智慧，它需要我們在應用過程中有所發現，有所領悟，有所創造。

選擇從創新開始——革，己日乃孚

贏在選擇

《易經》革卦中說：「革，己日乃孚。元亨利貞，悔亡。」意即世界所有的物體是在不斷變化之中的，舊的東西不適應了社會就應該捨棄，就應該被淘汰，只有不斷推陳出新，才會有進步和發展的空間。總是模仿別人的人，可能獲得小成功，但絕不可能成大事；而選擇創新的人，儘管可能長期受挫，但是卻可以成為戰而不敗的超級選手。

日本著名企業家松下幸之助說過：「今日的世界，並不是武力統治而是由創新支配。」許多「非常的成功」，大多是以「特別非常手段」達成的，一個人在追求自己理想的過程中，既要知道努力，更要知道思考，來尋找實現目標的最佳途徑，這樣，在「陷入麻煩的叢林」之中時，才能開闢出一條新路。

著名航海家哥倫布在十五世紀時發現了新大陸。他歷經千辛萬苦的這個重大發現，人們給予了他很高的評價和榮譽。但也有人卻認為這沒什麼了不起，言語中經常流露出諷刺。

一天，有朋友來哥倫布家中作客，交談中就又提起了哥倫布航海的事情，哥倫布聽了，只是微微一笑，並不與大家爭辯。

他起身從廚房拿出一個雞蛋對大家說：「你們誰能把這個雞蛋豎起來？」

大家都不知道哥倫布葫蘆裡賣的是什麼藥，但還是都試了試，不過沒有一個成功。

「我來試試。」只見哥倫布輕輕地把雞蛋一頭敲破，雞蛋就豎起來了。

「你把雞蛋敲破了，肯定能豎起來呀！」大家不服氣地說。

「現在你們看到我把雞蛋敲破了，才說沒什麼了不起，可是在這之前，你們怎麼都沒有想到呢？」哥倫布意味深長地說。

以前那個曾諷刺過哥倫布的人，臉一下子變得通紅。

哥倫布能夠把雞蛋豎起來，就是因為他選擇了一種新的方法——敲破蛋殼。美國創新技法和創新過程之父奧斯本說過：「每個人都有一些創造力，但是大多數人沒有學會去應用它。」人們發現問題、研究問題、解決問題，往往都是憑藉原有的思維活動的路徑（即思維定勢）進行思考的。要想提高思維能力，就必須要突破原來的思維定勢，勇於打破陳規，選擇創新，不被條條框框所限制。固執於原有的思維，過分依靠原有的優勢和經驗是解決問題的大忌。

兩百多年前，法國軍隊在守衛土倫城的時候發生叛亂。叛軍得到了英國軍隊的援助，土倫城牢固得就像銅牆鐵壁一樣，使前來平息叛亂的法國軍隊無計可施。因為土倫城四面環水，英國軍艦就在水面上巡邏守衛，只待法軍一靠近，就會遭到猛烈的攻擊。法軍的軍艦威力遠遠不如英軍的軍艦，所以根本就沒辦法靠近土倫城。法軍指揮官急得像熱鍋上的螞蟻。

此時，年僅二十四歲的法國軍炮兵上尉拿破崙想出了一個好辦法，他立即請示指揮官：「將軍閣下：我們可以用一百艘大型艦船，裝上陸戰用的火炮代替艦炮，攔腰轟擊英國軍艦，這樣便可取勝！」

指揮官一看，覺得這個主意確實不錯，便馬上命令士兵照此安排。

果然，這種「新式武器」發揮的威力讓英國的艦炮阻擋不了。僅僅兩天時間，就把護衛土倫城的英軍艦艇轟得潰不成軍，狼狽逃走。叛軍根本沒有還手之力很快繳械投降了。

於是，年輕的拿破崙也被提升為炮兵準將。

我們在做任何事情時要開闊思路，不能一成不變。在事情變化的時候，不妨嘗試著改變方式、方法，隨機應變，不要「守株待兔」，成為冥頑不化、因循守舊的人。特別在遭遇非常事情時，要拿出非常智慧，擺脫思維的束縛，選擇新的方式和途徑。在進攻土倫城受阻時，拿破崙打破常規，想出了一種新的辦法，法軍指揮官正是選擇了這個新的辦法，才得以打敗英國艦隊，平息叛亂。

歌德說：「我們必須不斷變革創新，充滿青春活力；否則，就會變得僵化。」所以，我們在生活、工作中，要培養自己的求異思維和探求熱情，做到不從眾，不唯書，不唯師；勇於否認古人、名人，勇於認同自我、同伴。使自己掙脫思想的羈絆，勇於標新立異，主動靈活地工作。革卦中說：「革，己日乃孚。元亨利貞，悔亡。」意即世界所有的物體是在不斷變化之中的，舊的東西不適應了社會就應該捨棄，就應該被淘汰，只有不斷推陳出新，才會有進步，有發展。

由於美國玩具市場競爭十分激烈，各大玩具公司競相推出孩子們喜愛的新型玩具，並且在市場上十分暢銷，這使得布里奇玩具公司的董事長萊希頓背負著巨大的壓力。為了應付其他公司的排擠，他每天都在絞盡腦汁，努力地想找出一個新的方案來給予反擊。

一天，他在散步時，看到幾個小孩在小路旁的一棵樹下，似乎在玩什麼東西，每個人都玩得興致勃勃顯得津津有味。萊希頓馬上走過去看了看。原來，孩子們正在玩一種骯髒而且看起來十分醜陋的昆蟲。

萊希頓十分不解，就問那些小孩子：「這麼醜陋的蟲子你們不怕嗎？難道爸爸媽媽們沒有給你們買好玩的玩具嗎？」

孩子們都噘噘嘴說：「商店裡賣的那些玩具我都有，可是全玩膩了，都是一個樣子，沒什麼好玩的了。這種蟲子我們從沒見過，雖然又髒又醜，可是比家裡的那些漂亮玩具有意思多了。」

萊希頓的大腦突然靈光一閃，他找到了新的方案。

不出一個月，布里奇玩具公司就製作出了一種新型玩具，這種新型玩具一改過去美觀造型，而是以外觀極為醜陋，色彩又很暗淡的樣子出現在人們眼前。一時間，這種醜陋玩具滿足了孩子們的好奇心理和新鮮感，成為市場上的搶手貨。

有時候我們失敗的原因，也許就是因為我們的思維定勢不同，而那些成功的點子也許只是思維創新的一點不起眼的小火花，把思維解放讓它隨便「跳槽」也許就能跳出固有的圈子，我們肯定會有令人驚奇的收穫。布里奇玩具公司的董事長萊希頓，正是因為一反常態，推出了與市場恰恰相反的產品，才使企業上了一個新的臺階。勇於走進思維「禁區」，丟掉那些條條框框的束縛，勇為天下先，嘗試「不按常理出牌」，才能更大程度上去採擷豐碩的果實。

創新是人生突破難點、不斷昇華的推動力。一個好的點子可以在關鍵時候力挽狂瀾，可以改變一個企業、一次戰爭、一個人生，甚至整個民族的命運。總是模仿別人的人，雖然也許能獲得小成就，但絕不是能成大事的人；而善於創新的人，儘管可能長期受挫，但是卻可以成為戰而不敗的超級選手。誰要是選擇創新，誰就能出眾，誰要是習慣模仿，誰就會平庸。

之體于心行于身
若心探索之意是為
號
雍正七年己酉季

七

選放棄

——射雉一矢亡，終以譽命

人生不僅要進取，還要捨得放棄。不言放棄、不安於現狀從某種角度來說是一種境界，一種力度，一種堅韌，但未必是邁向成功的唯一的正確選擇。《易經》中說：「射雉一矢亡，終以譽命。」意即在旅途中，射一隻野雞，雖會丟一支箭，但最後會得到榮譽。這就是說，進取途中，有一得必有一失。要想獲得最後的成功，便不要患得患失，人的一生，應該捨棄的一定要毫不猶豫地丟掉，不放下你手中無用的東西，又怎能拿得起另外那些有價值的東西呢？

懂得珍惜，更要懂得放棄——

即鹿無虞，惟入于林中；君子幾，不如舍，往吝

贏在選擇

《易經》屯卦中說：「即鹿無虞，惟入于林中；君子幾，不如舍，往吝。」這是以入林打獵為喻，表明識時務、知放棄的道理。啟示人們：珍惜自己所擁有的一切固然重要，但是，人的一生只學會選擇珍惜是遠遠不夠的，還要懂得選擇放棄。

湯瑪斯．富勒曾說做這樣的話：「滿足不在於多加燃料，而在於減少火苗；不在於累積財富，而在於減少慾念。」有時我們之所以感覺行路困難，是因為我們背負的東西太重；因為背負太重，是還沒學會放棄。不輕易說放棄，從某種角度來說是一種很高的境界，是自我的一種堅韌，一種力度，但未必是邁向成功唯一的正確選擇。在工作與生活中，我們經常不得不忍痛放棄一些心愛的東西。《易經》屯卦中說：「即鹿無虞，惟入于林中；君子幾，不如舍，往吝。」這是以入林打獵為喻，表明識時務、知放棄的道理。啟示人們：要保持頭腦的清醒，學會選擇，有所放棄，有所為，有所不為。

有一位名醫從業二十餘年，做過上千次手術，從未失敗過。一天，他接待了一個年輕的女病人，她的症狀是小腹經常疼痛。名醫經過檢查後，確定她的子宮裡有一個瘤，需要進行手術。

對於這次手術，名醫信心十足：醫院裡有最精良的器械，他有上千次手術經驗，而這不過是一個小手術而已，根本不可能結束他多年來的全勝紀錄！

但是，當他切開女病人的身體後，令人難以置信的事情發生了：子宮裡長的是一個胎兒，而不是腫瘤。他心裡咯噔一下，手僵在了那裡，額頭上冒出了豆大的汗珠。由於疏忽大意，他犯了一個愚蠢的錯誤——一位名醫不應該犯的錯誤。

現在，他有兩種選擇，一是一不做，二不休，將胎兒當成腫瘤摘掉，那麼，病人和病人家屬將對他表現出特別的感激，他手術成功的紀錄又一次取得突破；二是將病人的身體重新縫合，坦率承認自己的失誤。而這樣做，病人家屬很可能不會原諒他的過失，他從此將名譽掃地，並蒙受重大經濟損失。

這個名醫經過幾秒鐘激烈的心理掙扎，終於做出了抉擇：他小心地縫好病人的傷口，然後萬分慚愧地對病人家屬說：「對不起！對不起！我診斷錯了，她並沒有長瘤，只是懷孕而已。所幸我發現了這個錯誤，孩子安好，你們肯定會得到一個可愛的寶寶。」

病人家屬怎能容忍自己的親人就這樣白挨一刀呢？他們將名醫告得差點破產。

名醫的朋友很為他不值，對他說：「你當時怎麼不將錯就錯呢？你做什麼又有誰會知道！」

名醫並不後悔自己當時的抉擇。他淡淡地一笑說：「天知道！」

值得慶幸的是，他雖然為這件事蒙受了很大的經濟損失，卻並沒有名譽掃地；相反，來找他看病的人比以前更多了，因為人們相信他不會將嬰兒當腫瘤拿掉。

珍惜自己所擁有的一切固然重要，但是，人的一生只學會珍惜是遠遠不夠的，還要懂得選擇放棄。故事中的那位名醫是值得尊敬的，為了一個小小的生命，他勇於放棄自己一身的名譽和財富，這樣的選擇是沒有幾個人能做得出來的。雖然這次失敗給自己的人生留下遺憾，但他並沒有因此而後悔。誰的人生沒有遺憾呢？

多數人會由於害怕失去現有的社會地位以及現有的豐厚收入和握在手中的權力，而放棄了對新工作的挑戰，寧可守著一份並不喜歡的工作，虛度數十年的光陰。人的一生，大多數時往往都是在得與失之間選擇，有得就有失，在我們得到某種東西時，也肯定會失去一些東西。勇於放棄是醫治心靈創傷的神藥，唯有捨棄才能使心靈得到釋放。適時的捨棄其實是提升自己的最關鍵一步，因為沒有任何選擇的捨棄是盲目的，沒有捨棄的選擇是蒼白無力的。唯有經過選擇的捨棄才是明智的決策。

英特爾公司前總裁格魯夫出生在匈牙利，二十歲那年，前蘇聯入侵匈牙利，格魯夫逃到了美國，在美國獲得了紐約州立大學化學工程學士學位；同時，他也熟練掌握了英語。三十二歲時，他就被英爾公司聘為研究與開發部門的總監。後來，他又榮升為該公司的業務總裁。他以決策的膽大妄為而著稱，企業界至今仍流傳著他的一句名言：「只有偏執狂才能生存。」

有一次，公司新研製的一款電腦晶片上市後，技術部門才發現裡面有一個小毛病。這個小毛病並不致命，只是部分影響晶片的功能。一般情況下，廠商們處理此類失誤的方式是，在以後改進，對已發生的失誤則聽其自然。但格魯夫最討厭一般的做法，為了維護公司的信譽，他毅然決定回收已發行的全部晶片。此舉使公司損失兩億美元，但英爾高品質的形象卻在消費者心目中打下了深深的烙印。

當電腦記憶體的市場剛剛形成時，英特爾的產品一枝獨秀，其技術優勢令競爭對手望塵莫及。為此，英特爾將記憶體做為公司的主要業務。但後來，日本公司的技術漸漸追趕上來，它們以驚人的低價格一點一點地蠶食著記憶體市場。英特爾公司雖然調整了價格，仍無法阻止業績的下滑，公司面臨嚴重困境。

格魯夫認為，不惜血本地跟對手打價格戰，最後結局必然是兩敗俱傷。而且，任何產品在技術成熟後價格下降乃必然趨勢，記憶體也不例外。英代爾的優勢是高技術而不是低成本，調價空間很小；讓企業長期低利運行，不符合公司的戰略目標；降低技術以適應價格，有違公司一貫堅持的追求高品質的原則。在這種難以兩全的情況下，格魯夫做出了一個驚人的決定：放棄記憶體市場。

記憶體是英特爾的主要業務，放棄它便意味著公司會變成一家性質完全不同的公司；也意味著放棄多年苦心經營的陣地，自認失敗。但格魯夫不在乎公司的性質，也不在乎暫時的失敗，他只在乎公司的利潤和將來。

放棄記憶體業務後，英特爾公司全力開發技術難度更高的電腦晶片，它的優勢再次得到發揮。由於晶片市場的競爭對手相對弱小得多，幾年後，它佔得百分之八十的市場比例，一舉成為世界晶片業的絕對霸主。

「捨得」是一種境界，人們在經歷跌宕起伏之後對世俗的一種輕視，也是人們在飽經滄桑之後對財富或其他事物的一種感悟，當然也會是人們在運籌帷幄之間，成竹在胸並充滿自信的一種流露。只有對某個事件、人物、財富或感情有了新的認知後的感悟，才會選擇放棄並善於放棄，也只有在懂得並選擇放棄之後才會獲得成功。當格魯夫認為公司在記憶體業務上無法取得競爭勝利後，毅然放棄了記憶體市場。也正是因為這個選擇，才使英特爾公司保持在世界晶片業的霸主。

學會放棄，是指我們必須放棄那種沒有任何意義的爭鬥和同樣沒有價值的索取，而不是喪失奮鬥的動力與活力；是放棄那種不著邊際的幻想和不能實現的目標，而不是放棄為之奮鬥的過程與努力；是放棄那種為金錢、地位的搏殺和奢侈生活的創造，也不是說我們要失去對美好生活的嚮往與追求。有時放棄對我們來說是痛苦的無奈選擇。但是，隨著時間的推移，當我們回首那段往事時，將會為當時正確的選擇感到欣慰。也許正是當年的放棄，才到達今天的光輝極頂和成功彼岸。

人之一生，也許需要我們放棄的東西有很多。如果某件成功或情感不是我們應該擁有的，我們就要學會放棄。雖說人生在宇宙的時空中只是短暫的一瞬，但我們的人生旅途，一樣會有各式各樣的風景，有所得也必然有所失，只有學會放棄，我們才能擁有那份成熟，當然學會放棄也會讓我們活得更加充實、更加坦然。

你只能坐一把椅子——不恆其德，或承之羞。貞吝

《易經》恆卦中說：「不恆其德，或承之羞。貞吝。」如果不保持恆久的德行，就會蒙受羞辱。要愛惜自己的貞操。我們應堅定信念，盯緊一個目標前進，放棄其他，三心二意，反覆無常，變化不定，將無法獲得成功。造物主不會讓一個人把所有的好事都佔全，魚和熊掌有百分之九十九的機會是不可兼得的，有所得就必有所失，這是個無可厚非的事實。

世界超級聲樂巨星帕華洛帝年少時，曾在一所師範學校讀書，畢業之際，非常癡迷音樂的帕華洛帝問父親：「我是當教師呢？還是做歌唱家？」父親沉思片刻後，拿來兩把椅子併在了一起，對他說：「你如果想同時舒服地坐在兩把椅子上，那是不可能的，你會從椅子中間掉下去。命運要求你只能選擇一把椅子。」結果帕華洛帝選擇唱歌，經過七年的努力與失敗後，他才有登臺亮相的機會。又過了七年，他終於登上了大都會歌劇院的舞臺，坐上了世界聲樂巨星的寶座。

「只能坐上一把椅子」，這是多麼形象而貼切的比喻！有句說的好：魚與熊掌不可兼得。這就是說，目標只能確定一個，必須放棄其他。人生在世，成功之路非止一條，當我們在選擇某條道路的時候，別的道路也在選擇你；當我們在選擇某一職業時，別的職業也在向你招手。然而，人的精力畢竟有限，不可能在任何方面都取得成功。因此，我們必須學會放棄，學會「只選擇一把椅子」。

捨得捨得，有捨才有得。中國有句老話：有所不為，才能有所為。在我們的一生中，一定要懂得並勇於放棄。對該努力的事情要孜孜以求，對名利要懂得適時放棄，這樣才能做到不為利益所惑，堅持自己前進的方向。若什麼都想獲得，那麼，在上陣之前，我們已經束縛了自己。想要採一朵美麗的山茶花，就得放棄城市的熱鬧；想要得到陽光的沐浴，就得放棄嬌嫩瓷白的膚色；梅、菊放棄安逸和溫暖，才能得到傲霜的豔麗和與眾不同……上蒼絕對不會讓一個人把所有的好事都佔全，有所得就必有所失，這是個無可厚非的事實。

在一八四六年的十月，有個多納爾家族的八十七人被大雪阻擋在去加州的路上，他們被困在關口達四十天。在這期間，有一半的人陸續死於飢餓和疾病。最後，終於有兩個人出去求援，而且，很快就找到了一個村莊，並帶回一支救援隊，使其他人得以獲救。

你可能覺得奇怪，在面臨飢餓和死亡的情況下，他們為什麼能等四十多天，才有人願意冒險出去求援？其實原因很簡單——他們不願意放棄身邊的財產。

他們也曾試圖把馬車和財物拖走，但因道路實在無法通行，結果搞得筋疲力盡卻徒勞無功，只好作罷。就這樣任由大雪把他們困在路上，直到耗盡所有食物。

在滑鐵盧之戰中，由於天降大雨，道路變得泥濘不堪，使炮兵行軍非常緩慢。拿破崙不甘心放棄他那最精銳的炮兵部隊，但如果在預定時間不能到達作戰地點，讓對方增援部隊先於自己的援軍趕到，那後果是不堪設想的。躊躇間，幾個小時過去了，對方援軍已趕到，戰場形勢迅速發生逆轉，拿破崙遭到了慘敗。

如果當初多納爾家族放棄馬車和財物，那麼便不會有那麼多人失去性命；如果當初拿破崙放棄炮兵，那麼便不一定會吃敗仗，至少不會敗的那麼慘。在工作與生活中，我們經常不得不忍痛放棄一些心愛的東西，「魚與熊掌不可兼得」是誰都明白的道理，若一定要兩者兼得，往往會自陷困境。人的一生中的確有許多把椅子，但不是每把椅子都適合每一個人。然而，在現實生活中，有的人卻不甘心只坐一把椅子，於是便這山看著那山高，慢慢變得心浮氣躁，很難靜下心來專注某種追求。結果使自己淹沒於為眼前利益患得患失的泥沼之中。

列文虎克是荷蘭顯微鏡學家、微生物學的開拓者，出生一六三二年，二十多歲時到市政府門房上班，每天早晚只管開門、關門。一個偶然機會，他得到了一塊凸透鏡，而且還發現，把任何東西放在大鏡子下，都會變大。只可惜這塊鏡片已經很模糊了，他決心重新磨一個。從此，他每天黎明就起床，手捧一塊油石和一塊玻璃，非常認真又十分吃力地磨來磨去。只要沒有人打擾他，他就這樣一直從日出磨到日落。就這樣，他一共磨了四十年，他門房裡間的屋子成了當時世界上最大、最齊全的透鏡庫。

列文虎克有了鏡子，也喜歡拿著它們到處去照，照木塊、照蟲子、照石塊等等。他發現本來很平滑的木塊在他的鏡子下竟是溝溝凹凹、洞洞眼眼的；一個平常的小蟲子在他的鏡子下竟像一頭小豬一樣……列文虎克發現這個奇怪的小王國後，便寫成一篇論文。當他的第一篇又像紀錄、又像是一封信的文字寄到英國皇家學會時，令英國皇家學會負責人大吃一驚。他忙找來顯微鏡觀察一滴水，裡面果然有一個小王國。結果，列文虎克這個沒有接受過任何正規教育的人，被破例吸收為英國皇家學會會員，成為向微觀世界邁進的第一個開拓者。

列文虎克的磨鏡生活四十年如一日，終於在磨鏡中發現了一個新奇的世界，成為微觀世界的首位開拓者。他選擇了只坐那一把椅子，就意味著在全力以赴選準的事業時，只能有一種生活。生命苦短，在人的一生裡，也許你就只能適合一種工作，也許只能做成一件事。就像貝多芬的音樂、畢卡索的繪畫、柏拉圖的哲學、袁隆平的水稻等等，他們所選定的唯一那把人生的椅子，才決定了各自的人生軌跡。

《易經》恆卦中說：「不恆其德，或承之羞。貞吝。」如果不保持恆久的德行，就會蒙受羞辱。要愛惜自己的貞操。我們應堅定信念，盯緊一個目標前進，放棄其他，三心二意，反覆無常，變化不定，將無法獲得成功。人生的道路雖然有許多條，可供我們選擇的只有一條。確定方向，堅定信念，就一定會走出一段壯麗的人生旅程。

放棄「盡善盡美」——肥遁，無不利

《易經》遁卦中說：「肥遁，無不利。」意思是說見好就收，沒有不利的，不要去遲疑了。想追求完美無缺的事物，本無可厚非，但不應一味苛求。「荼欲其白，墨欲其黑」。該怎樣就怎樣。

有個漁夫每天都出海打魚，有一次，他從海裡撈到一顆非常漂亮的大珍珠，令他愛不釋手。然而，珍珠上面那個小黑點實在多餘。漁夫想，如能沒有這個小黑點，這顆珍珠完美無瑕變成無價之寶。於是，他便拿出刀子，想要把那討厭的黑點刮掉。可是刮來刮去，小黑點是沒了，可是那顆大珍珠也不復存在了。

其實，那顆帶有黑點的珍珠不過是白璧微瑕，正是其渾然天成不著痕跡的可貴之處，如同「清水出芙蓉，天然去雕飾」。而漁夫想讓它完美到極致，可是當他消除了所謂的不足時，美也消失在他追求過於完美的過程中了。「美」的存在往往不在於它的完整，而在於那一點點的殘缺，如同喪失雙臂的維納斯，給人無限遐想。

人們往往都有追求完美的傾向。好比女孩子找男朋友時，會把心中的另一半描繪得十全十美；父母總是希望自己的孩子是人中龍鳳，是最好的，可是這在現實中是很難實現，因為現實中總是會遇到或多或少的困難和阻礙。任何事情在想像中都是順水順風，似乎可以一蹴而就，似乎可以做得漂漂亮亮，但是，想像中的東西畢竟只是一個設想，與實踐中所能夠達到的程度還有一段距離。因而，選擇執著於完美的人是非理性的，他們得到的常常是失意的淚水，而不是令自己得意的成就感。

有這樣一個童話故事：一位國王有七個女兒，這七位公主個個都長得美麗動人，尤其是那一頭烏黑亮麗的長髮世間少有，所以國王送給她們每人一百個漂亮的髮夾。一天清晨，大公主在梳理她的秀髮時，發現少了一個髮夾，於是她溜到二公主的房間裡偷偷拿走了一個髮夾。二公主梳頭時也發現少了一個髮夾，便偷拿了三公主；三公主知道自己丟了一個髮夾後，就毫不猶豫地拿走了四公主的髮夾充數，以此類推最後只有七公主少了一個髮夾。

一天，有個騎著白馬的王子忽然來到皇宮，他對國王說：「昨天，我的百靈鳥不知道哪裡叼回了一個髮夾，我想這個髮夾一定是您哪位公主的。」公主們聽到王子的話，都想說：「是我的。」可是自己的頭髮上分明別著那一百個髮夾，所以都懊惱得很，卻說不出。只有七公主害羞地說：「是我的，我的髮夾丟了一個。」話剛說完，那頭因為少別了一個髮夾的長髮滑了下來。王子看著這頭漂亮頭髮，不由得連聲讚嘆，並當即向國王提親接走了七公主，兩人一起過著幸福快樂的日子。

其實那一百個髮夾就代表我們的人生，失去了一個，也就有了缺憾；也許正因為有了這個缺憾，就給了我們無限的轉機和未知性。有句俗語：「金無足赤，人無完人。」但是在現實工作與生活中，無數的人卻不只一次的犯著同一個錯，過分地追求完美。他們不僅僅是對自己的各個方面要求做到完美，更多的人是要求別人是完美之人，常常在工作與生活中尋找完美之人。正是由於陷入這種誤解，讓很多人錯失良機，失去友情、愛情，失去自我。

對於不太完美的事物，我們應該慎重地對待它，它不見得如你想像中的那樣討厭和殘缺。完美和不完美，在不同人的眼中是不同的。無所謂有，無所謂無；無所謂完美，也無所謂不完美。人世間，完美、不完美，在於意念之間。事物總是循著自身的規律發展，絕不可能是人們理想中的那麼美好。當你老想要達到完美的境界時，就註定開始走向失敗之路了。想追求完美無缺的事物，本無可厚非，但不應一味苛求。「茶欲其白，墨欲其黑」，該怎樣就怎樣。人要懂得放棄完美。《易經》遁卦中說：「肥遁，無不利。」意思是說見好就收，沒有不利的，不要去遲疑了。

湯姆已邁入三十而立的門檻了。他受過良好的教育，有一份很好的工作，他最大的心願就是早點結婚。他渴望纏綿悱惻的愛情、渴望溫馨的家庭和可愛的孩子，但是每一次臨近婚期時，湯姆都因他未來的妻子不夠完美而作罷。

終於，湯姆又找到了自己夢寐以求的好女孩。她端莊大方、聰明漂亮又體貼，但是，湯姆還要證實這件事是否十全十美。

為了確定他是否已經找到了最理想的對象，湯姆絞盡腦汁寫了一份整整五頁的婚約，並要未婚妻簽字同意以後方能結婚。這份婚約的內容真是太完美了，有關於宗教方面的，裡面提到上哪一個教堂、上教堂的次數、每一次奉獻金的多少；有關於孩子方面的，提到他們一共要生幾個小孩、在什麼時候生等等。他把他們未來的朋友、未來妻子的職業、將來住在哪裡等等，都事先計畫好了。在婚約末尾他又添了近半頁的字，列出未婚妻必須戒除或必須養成的一些習慣，比如化妝、交友、吸菸、喝酒、娛樂等等。

準新娘看完這份婚約，勃然大怒，立即與湯姆解除了婚約。

湯姆委屈地對朋友傾說：「你們看，我只是寫一份婚約而已，又有什麼錯？婚姻畢竟是終身大事，我不能不慎重啊！」

湯姆真是大錯特錯。不論是婚姻，還是任何一件事情，都不能過於吹毛求疵，以免自己所訂的每一項標準都偏離了正確的方向。《大戴禮記．子張問入宮》中記載：「水至清則無魚，人至察則無徒。」追求完美是一件無可厚非的事，但是世上並沒有一件絕對完美的東西。這是誰也改變不了的客觀現實，如果一味理想化地追求所謂完美，那就勢必造成我們的心理失衡，損害我們的精神健康。

高標準自然是體現更加美好的願望，但是天外有天，樓外有樓，凡事宜從實際出發，不要自己將自己裝在套子裡面，作繭自縛。日本著名企業家松下幸之助提出「用人百分之七十」，也就是說，人才的綜合能力有百分之七十可用即可。這也表達了經營之神松下幸之助先生不求完美、不求卓越的用人態度。

當然，放棄「盡善盡美」並不意味著我們就應該放棄對更美好的事物的追求。千萬不要以此做為藉口，而用一種消極的心態去對待你的理想，一旦認為沒有極致的事物，我們何苦要窮追不捨呢？大錯特錯矣！「完美」是要追求的，關鍵在於「適度」。一旦認清目標，適度地達到，任何事物都是一定程度上的完美。放棄「盡善盡美」，努力追求適度的完美，這才是智慧的所在。

錯過花，你將收穫雨——內文明而外柔順，以蒙大難，文王以之

《易經》明夷卦中說：「內文明而外柔順，以蒙大難，文王以之。利艱貞，晦其明也。」內心保持明智，而外表表現柔順，周文王當年被商紂王囚禁，就是用這種韜晦的辦法度過的。在艱難的環境下要保存自己，就應該採取勇於放棄的態度。人活一世，該放棄的一定要毫不猶豫地放棄，不放下你手中無用的東西，又怎能拿得起另外那些有價值的東西呢？錯過花，你將收穫雨！

孟子有一句名言：「人有不為也，而後可以有為。」這就是告訴我們懂得擁有與放棄。要想成功，就要學會放棄。只有放棄眼前利益，才能獲取長遠大利。《易經》明夷卦中說：「內文明而外柔順，以蒙大難，文王以之。利艱貞，晦其明也。」內心保持明智，而外表表現柔順，周文王當年被商紂王囚禁，就是用這種韜晦的辦法度過的。在艱難的環境下要保存自己，就應該採取勇於放棄的態度。生活賜予我們很多，但是該放棄的我們一定要毫不猶豫地放棄，不放下你手中無用的東

西，又怎能拿得起另外那些有價值的東西呢？我們要明白，放棄石頭是為了換回金子。

王永慶是貧苦茶農出身，十六歲那年，他以一百元起家，在臺灣嘉義開了一家米店，後來，他又開辦了一家碾米廠。憑著自己良好的信譽和靈活的經營手法，王永慶的生意做得相當成功。不過，那時臺灣還是日本人統治的天下，太平洋戰爭爆發後，日統當局對糧食實行統管，王永慶的米店和碾米廠無米可供，被迫關門。

光復後，新執政也有了新政策。米市解禁後，王永慶於是投入大量資金建成當時嘉義市最大的一家碾米廠。但戒嚴期間，對糧食等重要物資實行管制，嚴禁越區買賣。王永慶一廂情願地認為，只要自己不違反禁令，糧食管制條例再嚴厲，也跟自己沒關係。然而，他將「管制」二字的含意理解得太簡單了。一次，他從某鄉購了一車糧食，貨剛到家，就來了兩位員警，告訴他有人舉報他販賣糧食。於是王永慶被帶到警局，拘禁了他近一個月後，才將他無罪釋放。

經此一劫，王永慶才好好研究了一下糧食管制條例。他發現，條例非常之嚴，處處列著死刑和無期徒刑的規定。他感覺到，從事此行的風險實在是太大。這次吃一冤枉官司，就在牢裡蹲了個把月，下次呢？萬一要是判了死刑，可不得了。做生意是為了求財，何必拿性命賭博？再說，這樣做下去，即使僥倖不會招惹刑法，但做起事來也必然會縮手縮腳，終究難成大器。於是，他當機立斷，關閉新開的碾米廠。

有道是：「上帝給人關上一扇門，就會給人打開一扇窗。」王永慶壯士斷腕，放棄了在米業發展的機會，誰知卻是他從商人轉為企業家的開始。幾年後，他創辦臺灣塑膠公司，並最終成為名馳世界的「塑膠大王」。

生命短暫，韶華難留。一旦選準目標，就要鍥而不捨。但若目標不適當局的條件，或主、客觀條件不允許，與其那樣白白地浪費時光，就不如學會「見異思遷」。比如我們研究某方面的學問，或學習某一技術、從事某一事業，如果當時確實條件太差，而經過刻苦的努力仍不見功效，那就不妨學會「放棄」，以求另闢蹊徑。如此，才有可能柳暗花明，再展鴻圖。

伽利略以放棄了自己的自由為代價，誓死捍衛自己的學說，才使牛頓得以站在「巨人」的臂膀之上；比爾．蓋茲以放棄哈佛的學位為代價，而投身商海，這才成就了二十世紀人類世界的第一個財富神話。他們都做出了放棄的選擇，但這種放棄換來的卻是成功。有人說：「懂得適時捨棄的人，永遠不會讓你真正的失望。」錯過了花，你還可以收穫雨！

當初美國哈佛大學決定在中國招收一名免學費學生，這名學生在哈佛大學的所有費用均由美國政府全額提供。經過初試，有三十名學生成為了候選人。

面試的那天，近三十名優秀學生及其家長都來到錦江飯店等待面試。當主考官現身飯店的大廳時，人們一下子就圍了過來，他們用流利的英語向主考官問候，有的還迫不及待地做起了自我介紹。只有一名學生，由於起身晚了一步，等他想接近主考官時，主考官的周圍已經是水洩不通了。

這情景不禁讓他十分懊喪，覺得自己也許已經錯過了機會。這時，他瞥見一個外國女人神情落寞地站在大廳一角，茫然地望著窗外，他想：這位女士是不是遇到了什麼麻煩？於是他走過去，彬彬有禮地和她打招呼，還熱情地問道：「夫人，您有什麼需要我幫助的嗎？」女士微微一笑，接下來兩個人聊得非常投機。

後來，這名學生被主考官選中了，在這三十名候選人當中，他的成績並不是最好的，而且面試之前他還錯過了向主考官展現自己的最佳機會，那是什麼原因讓他得到了主考官的青睞呢？原來，那位異國女子正是主考官的夫人。

這件事引起很多人的感觸：錯過了美麗，收穫的並不一定是遺憾，有時甚至可能是圓滿。放棄，有時並不意味著失去，而是意味著另一種獲得。有些人什麼東西都不願意錯過，只要是自己認為有價值的東西，就去費盡心機地得到它。更有甚者可能會不擇手段，以致走向極端。也許他在拼命追求用盡心思之後，得到了夢寐以求的東西，但是在這個過程中，他失去的東西也無法計算，他付出的代價也許是很沉重的，是他得到的那些東西所無法彌補的。

如果我們想自己的一生過的輕鬆自如，那麼我們就要放棄對金錢的無限慾望；放棄對權力的不懈追逐；放棄屈辱帶給我們的憤怒和仇恨；放棄對那些虛名的爭奪，放棄凡是應該放棄的一切。就是學會了適當的放棄才能使你向成功的彼岸邁進，在不斷的取捨與放棄之中展現出真正的自我。

撞了南牆要回頭——

蹇，難也，險在前也。見險能止，知矣哉

《易經》蹇卦中說：「蹇，難也，險在前也。見險能止，知矣哉！」蹇，就是難，意味著有困難難以前進。前面有險阻，見到險阻能即時停止，選擇放棄前進，這才是聰明的做法。

事物的發展不可能永遠一帆風順，有時候會出現較大的艱難險阻，我們必須當機立斷，即時停止，放棄冒險前往。《易經》蹇卦中說：「蹇，難也，險在前也。見險能止，知矣哉！」蹇，就是難，意味著有困難難以前進。前面有險阻，見到險阻能即時停止，放棄前進，這才是聰明的做法。

東郭先生派他的三個弟子去南方辦事。在三個弟子臨走時東郭先生對他們說：「從這兒一直往南走，全是暢通的大道，千萬別走岔了！」

三個弟子分別是左野、焦苕和南宮無忌，三人向南走了一段後，遇上了一條大河，而且水流很急，橫在老師指示的正前方。他們往左、右看了一下，發現離他們不遠處有一座橋可以過。

南宮無忌說：「我們從那座橋上過吧！」

但是左野卻皺著眉頭說：「那怎麼行！老師要我們一直往南走！我們怎麼能走彎路呢？這不過是個水流罷了，沒什麼可怕的。」

於是，三人互相扶持，一起涉河而過，由於水流很急，好幾次他們都險些葬身河底。

過了河，三個人繼續趕路，又往南走了段路時，遇上了一面牆，前進的道路又被擋住了。

這次，南宮無忌堅持己見，他說：「我們還是繞道走吧！」

但左野和焦茗卻固執地說：「不行，我們一定要遵循老師的教導，這樣才能無往而不勝。」

於是，焦茗和左野朝著牆撞了上去，只聽「砰」地一聲，兩人重重地撞倒在地上。

南宮無忌惱怒地說：「才多走半里路而已，你們幹嘛不考慮一下？」

左野說：「不行，我就算死在這裡也不後悔，與其違背師命而苟且偷生，不如因為遵從師命而死！」

焦茗也附和地說：「我也是，違背師命就是背叛者。」

兩個人話一說完，便相互攙扶，又奮力地往牆上撞了過去，南宮無忌想擋也擋不住，兩個人就這麼撞死在牆下了。

真可謂「撞了南牆也不回頭」！在現實工作與生活中，也有不少人和焦茗和左野一樣，為了標榜他們的頑強和百折不撓，總是冒險前往，認為自己「不成功便成仁」。殊不知，這一念之差，自毀了多少英雄豪傑的大好前程！蹇卦中說：「往蹇，來譽。」前往有難，回來有譽。當前面有較大困難和風險時，應該放棄冒險前往，而即時止步，回來會更好。我們雖然在工作、生活中要迎難而上，不怕危險，但是，我們也應該冒合理的風險，如果前面是一條死胡同，或者是不能靠自身目前的力量而戰勝的危險，就應該即時止步，放棄亂闖，如果還不信邪，不止步，便只有死路一條。

武則天被唐太宗召入宮中時，被唐太宗暱稱為「媚娘」。當時宮中觀測天象的大臣紛紛警告唐太宗，說唐皇朝將遭受女色之禍，有一個女人將成為唐朝皇帝。種種跡象表明此女人多半姓武，而且已入宮中。唐太宗為了江山社稷著想，把武姓人都做了可靠的安置，但對於武媚娘，由於愛之刻骨，始終不忍加以處置。

唐太宗受方士矇騙，深信丹藥能使人長生不老而大服丹丸，雖一時精神抖擻，縱慾而盡興，但過不多久，便身形枯槁，行將就木了。而武則天正處風華正茂鮮花般的年紀，一旦太宗離世，便要老死深宮，所以她時時留心擇靠新枝的機會。太子李治對媚娘姿色早已傾慕已久。兩人眉來眼去一拍即合，就只等唐太宗撒手歸西，便能長相廝守了。

當唐太宗自知將死之時，仍不忘如何保住李氏的萬代江山，他想讓早有嫌疑的武則天跟隨自己同登極樂。臨嚥氣之前，當著太子李治的面問武則天說：「朕已經病入膏肓，眼看是不行了，妳跟隨朕已有很多日子了，朕實在不忍心撇下妳。妳就自己想一想，朕死之後，妳該怎麼辦呢？」

武媚娘是何等聰明之人，哪還聽不出自己身臨絕境的危險！怎麼辦？她心裡清楚，只要現在能保住性命，將來就不怕沒有出頭之日。於是靈機一動，她趕緊跪下說：「妾蒙聖上隆恩，本該以一死來報答。但聖上未必一病不癒，所以妾身遲遲不敢提說死字。但是妾身願立刻削髮出家為尼，拜祝聖上長壽，來報效聖上的恩寵。」

唐太宗一聽，連聲說「好」，並命她即日出宮，「省得朕為妳勞心了。」唐太宗本來是要處死武媚娘，但畢竟自己很喜歡她，心裡多少有些不忍。現在她既然自願脫離紅塵，那麼對子孫皇位而言，不可能構成危害了。

武媚娘拜謝而去。

太子李治也藉機溜了出來，拉著武媚娘哭訴道：「妳怎能忍心撇下我？」媚娘滿臉無奈的憂傷，她楚楚可憐地望著太子，嘆了口氣說：「聖命難違啊！」太子仍不死心道：「妳何必自己說願意去當尼姑呢？」武媚娘哭著把自己的擔心告訴了李治：「我要不主動說出家，恐怕只有死路一條了，留得青山在，不怕沒柴燒。只要殿下登基之後，不忘舊情，那麼我總會有出頭之日……」

聽完武媚娘的這番話，李治非常佩服其才智，當即表示，只要自己一登基，就想辦法把她接回來。太子登基不久，武則天很快又被召入宮中。

武則天的確是個能辨「風緊」還是「風鬆」的聰明女子，在危險面前能迅速分清主次，並能果斷地「止」，進而保全自己的性命。「風鬆」了，又再回來，後來時機一旦成熟，武則天果斷地由止轉進，成為中國歷史上唯一聲名赫赫的一代女皇。我們做某件事時，如果情況對自己不利，再要繼續下去很可能慘遭挫敗，甚至丟了性命，那就必須放棄前進，即時止步回頭。

當然，我們在止步回頭之前，要仔細分清形勢是否很不利，要慎之又慎地做出是否止步的決定。因為，止步回頭畢竟是一種退而求其次的方法，是為保存實力，不得已而為之的消極行動。假如形勢並非很危險，再堅持一下就會成功，就絕不要輕言止步。其次，情況不妙時，必須當機立斷，放棄前進，即時止步，否則，後果不堪設想。

退一步來說，前面有不可逾越的障礙或危險時，我們要是做不到即時止步回頭，那麼，改變一下思路，就像我們前面說過的，繞道而行總該可以吧！繞道而行，並不意味著我們在退卻，而是在審時度勢。繞道而行，對我們來說，不僅是一種工作與生活的方式，更是一種豁達、樂觀的態度和理念。《可蘭經》裡有句話說得很好：「如果你叫山走過來，山不走過來，你就走過去。」

山高水深，困難重重，人生險阻，見險而止，即時回頭，明哲保身，可謂智慧。

有多大實力，辦多大事——

濡其尾，吝

《易經》未濟卦中說：「濡其尾，吝。」意即不自量力的狐狸想渡過大河，牠不僅沒渡成，反而浸溼了尾巴。這樣，只可招來恥辱。這是告訴我們，狂妄自大、不自量力，就會招致恥辱和失敗。做事符合自己的能力，選擇量力而為最穩當，不切實際的慾望，只會導致在追求理想的過程中遇到挫折、憂愁和痛苦。

水由西向東從高原流下。渤海灣口有一條勇敢的魚卻逆流而上，牠的游技非常精湛，一會兒划過激流，一會兒又衝過淺灘，牠躲過了湖泊中的大小漁網，也躲過了無數兇惡魚鳥的追逐。牠不停地往前游，最後穿過山澗，擠過石縫，終於到了河的源頭。但可惜的是，魚還沒來得及喊出那聲勝利的歡呼，卻在瞬間被凍成了冰。

多年以後，有一群登山者來到了高原，他們在冰塊中發現了這條魚，魚仍保持著游動的姿態。有人驚訝地發現這竟然是來自渤海口的魚。於是感嘆說：這條魚真是勇敢，居然能逆行那麼遠那麼長。但有一個人卻為之嘆息：「這的確是一條勇敢的魚，然而牠只有偉大的精神卻沒有偉大的方向，極端逆向的追求，最後只能自取滅亡。勇敢固然重要，但凡事應該量力而為。」

一位年輕人在逛街時，看見一位老人擺了一個撈魚的攤子。他向人提供漁網，撈起來的魚歸撈魚人所有。這個年輕人一時興起，拿起漁網就去撈魚。可是他一連撈破了三個漁網，一條小魚也未撈到。見老人在一旁瞇著眼似乎暗自嘲笑自己時，他便惡聲惡氣地說：「你這是什麼破網啊？一碰到水就破了，怎麼能撈到那些魚呢？」老人一臉無奈地回答說：「小夥子，當你想撈起你認為最好的那條魚時，你知道自己手中所握的漁網是否真有那樣的本事嗎？追求不是件壞事，但是要懂得量力而為呀！」

我們不要以為自己的能力很強，結果就忘了自己有多大的能耐，做些力不從心的事。做事符合自己的能力，量力而為最穩當，不切實際的慾望只會導致自己在追求理想的過程中遇到挫折、憂愁和痛苦。《易經》未濟卦中說：「濡其尾，吝。」意即不自量力的狐狸想渡過大河，牠不僅沒渡成，反而浸溼了尾巴。這樣，只可招來恥辱。這是告訴我們，狂妄自大、不自量力，就會招致恥辱和失敗。所以，我們做事一定要量力而為。

「量力而為」，也就是說，要衡量自己的能力或者力量行事，如果自己沒有能力做成某件事情，就要選擇放棄。《左傳．隱公十一年》曾記載有：「度德而處之，量力而為之。」當年唐朝吳兢也在《開元升平源》中提到：「朕當量力而為，然後定可否。」由此看來，「量力而為」是一種實事求是的行為，它提倡的是：有多大能力，辦多大事。如果我們用心去觀察那些成功的人，幾乎都有一個共同特徵：不論聰明才智高低與否，也不論他們從事哪一種行業、擔任何種職務，他們都做到了量力而為。

沈教授是某名牌大學的知名教授。在經商浪潮的衝擊下，他也躍躍欲試地兼任了一個廣告諮詢事務所的經理。

一天，某小雜誌社的主編慕名來到教授家，一番寒暄過後，主編道出了來意。他們這個小雜誌社為了擴大自己的影響和募集一些資金，有心辦一項文化活動，想請他出面幫一下忙。

沈教授仔細詢問了一下活動的事宜，然後微微點頭：「嗯，你們的想法很好，我願意幫您這個忙。」接著他又滿有把握地誇口說：「現在我的學生中有很多已經是公司老闆了，他們一向很尊重我。我請他們做點贊助、廣告什麼的，問題應該不大。」

聞聽此言，主編頓時大喜，對於辦好這次文化活動的信心也立時大增，連忙動用各種關係，磨破嘴皮說了一大堆好話，才有一些「德高望重」的名人答應來捧場。

可是，那些贊助款已經過了日期。主編再去找沈教授，沈教授卻忽然銷聲匿跡了。而這邊各路菩薩都已一一拜到，如果活動不能舉行，不只是白白勞神費力賠錢的事，雜誌社從此更會失信於人。

主編急得像熱鍋裡的螞蟻，天天往教授家打電話，但不是沒人接就是人不在，直到半個多月後，沈教授吞吞吐吐地跟他說：「對……對不起。那些企業說你的雜誌影響太小，並不考慮贊助，你們能不能設法提高一下自己的社會知名度……」

聽著沈教授的廢話，主編的氣不打一處來：「你別跟我來這套，你不是再三保證肯定會拉到贊助嗎？要是我的雜誌知名度高，那還辦這個活動幹什麼？」

這項活動終於泡了湯。從此，在熟人中，人們經常聽到這樣的議論：「沈教授是個騙子，把某某雜誌社坑得不淺！」

沈教授的教訓是深刻的，自不量力，亂誇海口，「瘦驢拉硬屎」，最終害了別人，也損害了自己的聲譽。常言道：「沒有金鋼鑽，別攬瓷細活兒。」胡亂應承、亂誇海口，也許當時能被人高看一眼，臉上很風光，但一旦演砸了，那時我們將名譽掃地，如同老鼠過街，人人喊打。

勇於向別人證明自己的實力，這是積極向上的精神，但我們一定要懂得量力而為，不要「打腫臉充胖子」，硬逞強，遇到辦不到的事，就應該馬上放棄。總之，在行動之前，我們必須清楚自己的能力，要把一件事做好需要的是「看菜吃飯，量身裁衣」的實事求是！

善待得失，吃虧是福——

小往大來，吉，亨

《易經》泰卦中說：「小往大來，吉，亨。」這是告訴我們小失與大得的智慧。一個人只要願意吃小虧、勇於吃小虧，不去事事佔便宜、討好處，日後必有大「便宜」可得。

鄭板橋說過：「吃虧才是福。」這句話絕不是阿Q式的精神自慰，而是他一生閱歷的高度概括和總結。這個世界上曾有多少人為了自己的利益和私心而斤斤計較，為了不讓自己吃虧或為了佔別人的小便宜，而演出一幕幕你爭我奪的人間鬧劇。豈不知吃虧與佔便宜，就像禍和福一樣，可以相互依存和相互轉化。《易經》泰卦中說：「小往大來，吉，亨。」這是告訴我們小失與大得的智慧。常言說：小的不去，大的不來。「吃虧是福」是前輩們總結出來的一種人生觀，它包括了愚笨者的智慧、柔弱者的力量，領略了生命涵義的豁達和由吃虧退隱而帶來的安穩與寧靜。

在西漢年間，有一年過年前，皇帝一高興，便下令賞賜給每位大臣一頭羊。但在分羊時卻讓那名負責的大臣犯了難，羊分大小也分肥瘦，不知怎麼分才能讓大家滿意。正當他束手無策時，一位大臣從人群中走了出來，說：「這批羊很好分。」說完，他就牽了一隻最瘦、最小的羊回家了。眾大臣一見，也都紛紛仿效，不假思索地牽了一頭羊就走，擺在大臣們面前的一道難題一下子就迎刃而解了。這名大臣的做法既得到了眾人的尊敬，更得到了皇帝的讚賞。對這名大臣來說，真是吃小虧撿了大便宜！

對待小事情要善於吃小虧，這是一種未來之大福。人生在世，要想「佔大便宜」則必須能夠吃小虧，勇於吃小虧。那種遇事處處愛佔便宜不樂意吃虧的人，到頭來肯定會吃大虧。只要我們留心一下歷史和身邊的人，就不難發現，舉凡那些取得了傑出成就的人，個個都是是胸懷寬廣又能虧己的人；那些一生碌碌無為無所建樹的人，有哪一個不是心胸窄、愛計較、不肯虧己之輩？

不懂得「吃虧是福」的人，表面上看可能他碰到的機遇要比別人多得多，但實際上他由於完全陷於已有的機會中，則不能不失去後來的各種機會的選擇。相反，那些敢吃虧的人則始終把這種主動權穩操在握，儘管失去了一些東西但也無妨大事。真正精明的人，往往都通曉這個道理，而且也善於運用。

人都有趨炎附勢的本性，但是我們選擇吃點虧，把利益讓給別人，就能最大限度調動別人的積極性，使我們的事業興旺發達。鄭板橋認為，為人處，即是為己處。意思是：「替別人打算，就是為自己打算。」能選擇吃虧的人，在做人、做事等各個方面，都會得到更大的回報。敢吃虧的人，會讓人們覺得他有胸懷而加以敬重。這種能吃虧的人，一般來說他的人際關係比別人好也牢靠。一旦他真的遇到棘手的困難時，別人也願意為他伸出援救之手；當他開創事業時，別人也肯支持他、幫助他。那麼他的事業自然就容易獲得成功。

韓國現代集團的開創者鄭周永就是如此。鄭周永在創業之初，他進軍建築行業，透過各種關係以及自己的活動，終於在一九五三年的時候，有了一座大橋的修建工程的機會。為了能順利完工，他巧思善慮，設計工程方案。

然而，「人算不如天算，天有不測風雲」，這段時間修建大橋的各種費用陡然上漲。按當時的物價計算，修建這座大橋的工程費用總額竟比簽約承包時高出了七倍多。在這危急存亡之際，朋友、家人都勸告他必須馬上停工，以免再受到更大的損失。然而鄭周永做出了一個重大決定：「為了信譽，寧願賠本。就是破了產也在所不惜，必須按期完工。」結果工程是按時完工，交付使用了，可是卻使鄭周永差點垮臺。但是，也給他帶來了另一個好的方面，那就是他的講信譽的名聲一夜之間傳遍天下，路人皆知。

這樣，雖然這一次鄭周永損失慘重，但自從贏得了信譽之後，他很順利地承包了大批的生意，終於能夠起死回生。韓國的四大建設專案被他承包下來，開價三億七千萬美元，而且他還承建了漢江大橋第一、二、三期工程，進而使他賺取了大量的美元，在同行業中獨領風騷，無人能敵。發跡後的鄭周永並未就此止步，而是繼續秉持這種「吃小虧得大便宜」的精神前進。

綜觀文學作品中，那些不怕吃虧的人一般都會平安無事，而且終究不會吃大虧，所謂善有善報。吃了一次虧，我們就會從中學到教訓，感悟人生，得到一個大道理：「福禍相隨」，進而知足常樂，調整自己的心態，使自己一輩子幸福。吃虧後我們才會明白，吃虧還是更高一級的勝利策略呢！人外有人、天外有天，這是說我們在人生中不可能做到事事比別人強，處處能夠佔到上風，所以我們若能主動地吃上幾次小拳，而把出擊重拳的主動權抓在了自己手裡。相反地，那些見便宜就想得，生怕自己吃一丁點虧的人，表面上看可能爭上了他碰到的各種機會，但實際上他完全陷入已有的機會中，而不能得到後來那些各種機會的選擇。因為佔一次便宜而堵了自己以後的路，根本就是得不償失。這樣一來將使自己事業的道路越來越窄。

所以，我們一定要做到為了總體目標和大局利益，勇於吃小虧，吃小虧方能佔大便宜。要善於以整體的眼光，發展的眼光看問題，不要為小利而吃大虧。要做到不去計較吃不吃虧就需要忍讓，需要裝糊塗。既然認識到吃虧是福，就不要斤斤計較。在不計較得失上難得糊塗些，也許能更好地體會出吃虧是福的深刻含意了。

當然，選擇吃虧也必須講究方式和技巧。虧，不能亂吃，有的人為了息事寧人而去吃虧，吃暗虧，結果只是「啞巴吃黃連，有苦難言」。我們要做到有理性地吃虧，從吃虧中獲得長遠利益。我們說：「好漢要吃眼前虧」，因為眼前虧不吃，可能要吃更大的虧。「好漢要吃眼前虧」的潛在含意是，以能吃「眼前虧」來換取其他的利益，是為了自己更長遠的打算，如果因為硬碰硬的倔強態度，不去吃眼前這個虧，而會蒙受更大的損失或災難，甚至把命都丟了，還能談什麼未來和理想？

之體予心行予身
勞心探索之意是為

八

選錯了

——震，亨。震來虩虩，笑言啞啞

《易經》震卦中說：「震，亨。震來虩虩，笑言啞啞；震驚百里，小喪匕鬯。」震動到來，引起驚懼，但仍能談笑風生；雖然震驚百里，手中的祭器卻不會失落。也就是說，在面對人世間的震動和各種不平凡的情況時，我們應選擇冷靜面對，理智處理。只有如此，我們才能處事不驚、泰然面對。我們的選擇有時可能並不正確，並因此給自己帶來了麻煩與不幸，這時，我們應該勇敢面對自己錯誤的選擇，要勇於承擔責任，學會在錯誤中成長。

選了就不要後悔——

載鬼一車，先張之弧，後說之弧

《易經》睽卦中說：「睽孤，見豕負塗，載鬼一車，先張之弧，後說之弧。匪寇婚媾，往遇雨則吉。」意即一個人起初看見一頭豬趴在道路上，後面一輛車，載的是一車鬼。他對著鬼車張開了弓，準備射箭時，才發現那車上的不是鬼也不是強盜，而是來娶親的，這才把弓放下了。這段故事說明他不怕鬼。也就是說，當一個人預料將會有某種不良後果產生或受到威脅時，一定要勇敢面對。在人的一生中，都會有大大小小的不同選擇，也會造成各式各樣的後果。但是，無論我們選擇的後果好或是壞，都應該堅強面對，不應為自己的選擇而感到後悔！

一個年輕人決心到外面的世界開闢自己的事業。但在動身之前，他決定先去拜訪一下本族的族長，請他給自己一些忠告。

這位老族長聽說他將要踏上人生的旅途，就用筆隨手寫了三個字：「不要怕」，然後又望著這位年輕人說：「孩子，人生的忠告只有六個字，今天我先告訴你三個，供你半生受用。」

二十年後，這位年輕人又回到了故鄉，不過已是中年，他取得了一些成就，也增添了許多傷心事。他再一次來到了族長家裡，不幸的是，老人家幾年前就已經去世了。但老人家的家人卻拿出了一封他生前寫給他的一封信，並對他說：「這是老族長生前留給你的，他說有一天你可能會再來。」

這位回鄉的遊子這才想起，二十年前他在這裡聽到了人生一半的忠告。他想這封信中一定是裝著人生的另一半忠告，於是他拆開信封，裡面赫然寫著三個大字：「不要悔」。

人在一生中，都在不停的做著選擇。但當有的人在做出選擇，又經歷了自己選擇的那條路以後，他們後悔了。因為他們認為如果能再重新選擇一次的話，他們會選一個更好的、更適合自己的。比如，有人後悔自己進錯了大學，有人會後悔自己選錯了行業，也有人後悔自己選錯了科系……他們總是在嘆息：當初我要是怎樣怎樣就好了……

人生無法打草稿，同樣的選擇是沒有第二次的，上天給我們每個人的機會都是一樣，所以既然選擇了，無論我們選擇的後果好或是壞，都應該坦然面對，不應為自己的選擇而感到後悔！不要去設想假如選擇了其他會是怎樣的，因為那根本就不實際，誰有能讓時間倒流的神通呢？

退一步來說，即使當時我做出的是另一種選擇，就真的比現在的選擇更好嗎？當時，娶的若是她，能保證雙方平平安安、幸福地過一輩子嗎？當時，若是自己進到另一家公司，就一定會讓自己的職業生涯更順利嗎？當時，若是自己下海了，就一定會成功嗎？別人成功了，不代表自己也成功了；別人這樣能幸福，也不代表自己也能幸福。因為我們即使當時做出另一種選擇，日後也會遇到許許多多無法預料的事情。人生不是按既定目標前進的，旅途上有許多個偶然。

心婷，一個又漂亮又善良的女孩，大學畢業後在一所中學任教。本來對自己的未來充滿了理想，可是一次意外，讓她失去了活下去的勇氣。

那是一堂語文課，快要下課的時候，教室突然不停地晃動了起來，她的第一感覺告訴她：是地震！於是，她立刻指揮學生下樓，可是學生們都已被嚇得驚慌失措，根本聽不進她的指揮，個個都像受驚的羔羊，到處逃竄。慌亂中，心婷看到一個男孩被掀翻的桌椅卡在了教室的角落裡，嚇得他連聲哭叫，屋頂眼看就要塌了，但男孩卡在桌椅下無法動彈。心婷也急得直冒冷汗，慢慢地移開卡住男孩的桌椅。但當搬開最後一張桌子時，屋頂塌了。

地震過後，人們從廢墟中找到他們倆時，兩人已經奄奄一息了，兩人被立即送往醫院，經過緊急搶救，都奇蹟般地活了下來。原來，屋頂塌下來時架了個三角形，護住了心婷和那個男孩。只是心婷的下肢卻被塌下來的石塊壓住了，不得不進行截肢手術。截肢！這對一個正處於風華正茂的女孩子來說，簡直就是晴天霹靂。在截肢前的一個星期，她變得暴躁、厭世，不再是大家以前認識的心婷。

截肢的前一天晚上，得到消息的父親來到了女兒身邊，看到女兒的這一切心痛不已，他決定要讓她重新燃起對生活的渴望。

父親問女兒：「婷婷，如果老天再給妳一次重新站立的機會，妳又遇到同樣的事情，妳會如何選擇？」

心婷低下頭，內心做著痛苦的掙扎。五分鐘……十分鐘……十五分鐘……時間一分一秒過去了，終於，心婷抬起頭看著父親說：「我還會做同樣的選擇。」

父親輕輕地把女兒攬入懷中說：「這既然是妳自己的選擇，妳就不能再自暴自棄。記住，選擇了就不要後悔，即使妳選擇錯了。」

心婷望著父親，堅定地點了點頭。第二天的截肢手術非常成功。心婷重新燃起了對生活的希望。

選擇了要做的事情，就不要後悔這個事情會帶給你是好還是壞的結果。因為未來不可知，路是自己走的，不是上天安排的。既然選擇了一條路，就只能風雨兼程地走下去，沒有必要瞻前顧後，當然也不用在意別人的眼光。這樣才能使自己更專心地去做想做的事，勇往直前尋找自己的目標。就算沒有成功也不要後悔，因為你的確曾經努力過。千萬別去幻想會有第二次選擇的機會，生命不打草稿，選擇也不打草稿。

《易經》睽卦中說：「睽孤，見豕負塗，載鬼一車，先張之弧，後說之弧。匪寇婚媾，往遇雨則吉。」意即一個人起初看見一頭豬趴在道路上，後面一輛車，載的是一車鬼。他不害怕，而是對著鬼車，張開了弓，準備射箭時，才發現那車上的不是鬼也不是強盜而是來娶親的，這才把弓放下了。這段故事說明他不怕鬼。也就是說，當一個人預料將會有某種不良後果產生或受到威脅時，一定要勇敢面對，戰勝恐懼。對於人生的選擇也是一樣，既然選擇了走那一條路，不管結果如何，一定不要後悔，而應堅強地走下去。

人一生的選擇多采多姿，要看我們如何選擇自己的人生道路，但千萬不要懼怕道路的坎坷而後悔自己的選擇，動搖自己的意志啊！既然選擇了，我們就不要後悔！

勇敢承擔責任——

至臨，無咎

《易經》無妄中說：「無妄行。」意思是說人在任何時候都應該具有高度的責任心，要做到務實不虛。世上沒有後悔藥，無論後悔有多深都不能再喚回逝去的光陰和機會，唯一能做的是，思考如何承擔選擇的後果，如何才能更好的前行，這才是積極的人生態度。

人的一生要經過無數次的選擇，在選擇中出現失誤是我們自己也不願意看到的事情，但「人非聖賢，孰能無過」，誰都有選擇錯誤的時候。對待錯誤的態度從某種程度上可以說是一個人道德品行的體現。是自己的錯誤就要一肩挑，一定不能推卸，要誠懇地承認錯誤，並積極地尋求補救的辦法。只有勇於承擔責任的人，才有可能成大事。《易經》無妄卦中說：「無妄行。」意思是說人在任何時候都應該具有高度的責任心，要做到務實不虛。

二十二歲那年，李嘉誠湊錢創辦了一家小小的塑膠廠。塑膠在當時是一個新興行業，競爭對手少。而且，他本來就是一個優秀的推銷員，很會談生意，所以工廠的生意非常好。

但這也出現了問題：由於他的工廠只有一些舊機器，工人也都未經過正規培訓，技術很不熟練，生產能力非常有限。如果按「慢工出細活」的方式做，產品品質可以保證。但訂單一下子接太多，如果全按簽約時間做出來，產品品質就無法控制。可是要增添新設備，他又沒有錢。即使有錢買機器，工人們也不會操作！那麼，是應該少接一點訂單、放過賺錢機會呢？還是不顧後果，先把錢賺到手再說？

李嘉誠當時也可能是太年輕，見生意這麼好，也就不管那麼多，有訂單就接，來者不拒。為了完成生產任務，李嘉誠又招募了一些工人，三班連軸轉，機器二十四小時不停。落後的設備、落後的技術，加上疲勞作業，當然生產不出什麼好東西。結果產品品質越來越差。最後，這些產品擺上商店的貨架後，幾乎無人問津。漸漸地，客戶們都不向李嘉誠訂貨了，退貨的反而越來越多。有些客戶甚至揚言要告李嘉誠，因為他的劣質產品損害了他們的信譽。

產品賣不出去，在倉庫裡堆積如山，工廠眼看就要倒閉了。這時候，他開始進行自我反省，覺得自己以前選擇的那種經營方式是錯的，的確太草率了。如今自己的名聲臭了，產品沒人要，跟客戶的關係也弄僵了，該怎麼辦呢？經過一番痛苦的思考，他決定接受現實，勇敢地承擔責任。

於是，他一一去客戶那裡登門道歉，並向他們保證，以後一定會彌補對他們造成的損失。客戶們見李嘉誠的態度確實誠懇，終於諒解了他。這次的挫折，使李嘉誠吃了一個大苦頭，也讓他得到了一個受益一生的教訓：做事要按正道走，絕不可急功近利。帶著這個理念，他完成了白手起家創大業的過程，成為世界十大富豪之一。

在進行了錯誤的選擇之後，不要採取消極的逃避態度。我們應該在發現錯誤的時候，馬上想一想自己應怎樣做才能最大程度地彌補過錯。只要以正確的態度對待錯誤，勇於承擔責任，錯誤不僅不會成為我們發展的障礙，反而能讓我們從中汲取教訓，這時的錯誤會成為我們前進的動力，它會促使我們不斷地、更快地成長。什麼事情都會有它的兩面性，錯誤的選擇也不例外，關鍵就在於我們從什麼樣的角度去看待它，以怎樣的態度去處理它。

某公司在北京開了一家辦事處，這個辦事處只有一位經理和一位員工。辦事處剛成立時需要辦理申報稅項事宜，不過由於當時很多這樣性質的辦事處都沒有申報稅務，再加上辦事處又沒有營業收入，所以經理也決定暫不申報。兩年後，稅務局在例行稅務檢查中，發現這家辦事處從沒納過稅，於是做出了罰款三萬元人民幣的決定。

公司的老闆知道此事後，問經理：「你當時是怎麼想的，為什麼會發生這種事情？」

這位經理說：「當時我是想到了要進行稅務申報，但那位員工說很多公司都沒有申報，我們也不用申報了。另外，考慮到可以為公司省下一部分開支，我也就沒再考慮，並且這些事都是由那位員工一手操辦的。」

老闆又問了那位員工，那位員工回答說：「從為公司節省開支的角度，再加上我們沒有營業收入，而且其他公司也都沒有申報，我把這種情況都彙報給了經理，最終是否申報還應由經理做決定，他沒跟我說，我也就沒有報。」

很自然，這位經理馬上就被廣州的老闆辭退了。本應是他當時選擇的錯誤，才導致被稅務局處罰，他理應承擔責任，但現在卻把責任推卸給了一名普通員工，這樣的下屬每個老闆都不會欣賞。

避免或逃脫責任是人類的一種強烈本能。多數人在「有利」與「不利」兩種形勢的抉擇中，都會選擇趨吉避凶。如果我們先前的選擇做錯了，然後一個勁的後悔，一個勁的逃避，是不能解決什麼問題的，反而在分分秒秒的浪費自己的生命，這也證明我們承擔責任的能力太差。

一個勇於承擔責任的人，可能在生命某個階段中出現遺憾，但一定不會後悔，他們會直執著的向前看，向剩下的生命看齊，按照自己內心的指引，去爭取在以後生命的歷程中少留一些遺憾。世上沒有後悔藥，無論我們後悔有多深都不能再喚回逝去的光陰和機會，唯一能做的是，是考慮如何承擔選擇的後果，如何才能更好的前行，這才是積極的生活態度。

人生的道路上紛紜複雜，坎坷曲折，絕不只是綠葉簇擁的紅花；人生在累積了大量的風風雨雨、坎坎坷坷之後，只有從容不迫地迎接命運的挑戰，人生的難題才會得到圓滿的解答。勇擔責任是人生的一種坦然，是對生命的一種珍惜。當選擇出現錯誤時，先不要試著去逃避，如果能勇敢地去面對，也許會發現事情原本很容易解決。

在錯誤中成長——

明夷，利艱貞

贏在選擇

《易經》中說：「明夷，利艱貞。」意即由於光明磊落地做事而受到傷害和打擊，在這種艱難的時刻，依舊堅守正道才是有利的。這是告訴我們不要因為犯了點錯誤，受了一點挫折，就動搖自己的心志和操守，要學會讓自己在錯誤與挫折中得到成長。一個人只有經歷了失敗的考驗，才有做人的成熟。只有從錯誤中汲取教訓，才能變得成熟。

義大利報人朗根尼西說：「不要給我忠告，讓我自己去犯錯誤。」每一個人在走向社會的時候，除了需要知識和經驗，還需要更多的教訓。收穫從來都不是憑空而來的，要想不被同一塊石頭在同一個地方絆倒兩次，每個人都需要總結教訓並且牢記在心裡。從錯誤中汲取教訓、總結教訓，然後一步步成長起來。

有位船長，他曾經駕駛著一艘陳舊簡陋的帆船，在大海中漂泊了半個月最終死裡逃生。有了這次經歷，他又多次駕駛機動船行程幾千海浬到達了海洋的最深處，因此在當地博得了「船王」的美稱。船王早年喪妻，只有一個兒子在他身邊，他希望這個唯一的繼承人能夠學會並掌握他所有的駕船技術和經驗，他的兒子沒有辜負父親的期望，長大後對駕駛機動輪船的知識已經十分豐富。

於是，當再次有了出海機會的時候，船王就放心地讓兒子一個人駕船出海了。但他的兒子卻再也沒有回來，連同那艘船王最心愛的機動輪船一起被颱風捲入了海底。船王悲痛欲絕，傷心之餘又不免有些想不通：我真不明白，我的駕船技術已經是最好的了，我的兒子怎麼能會這麼差勁？自從他懂事後，我就開始教他如何駕駛各種船隻。我從最基本的方法教起，一再強調該怎樣對付海中的暗流，怎樣去識別颱風的前兆，什麼情況下採取什麼樣的應急措施……這麼多年我累積下來的經驗和對付意外的方法，我都已經是盡心盡力毫無保留地教授給他了，他也下了工夫用心學習。可是，為什麼第一次單獨出海就出事了，並且是在一個風平浪靜的海域裡？

村裡最年長的一位老人問他：「你一直手把手地教他的嗎？」

船王含著眼淚說：「當然了！為了讓他全面地掌握技術，我一直是很仔細地在教他，並且把我所有的經驗都傳授給了他！所以我真不明白，他怎麼會出事……」說到這裡，船王難過地哽咽起來。

老人搖搖頭說：「這樣說來，你也有過錯啊！你只傳授給他技術和經驗，卻從來不讓他自己在實踐中去犯錯誤，就等於沒有傳授給他教訓——對於他說，沒有經驗和沒有受過教訓一樣，都不能成就大器。」

聽了老人的話，船王陷入了沉思。

從來沒有哪個人能不經歷一次錯誤就獲得偉大的成就。當流行偶像瑪丹娜被問及其成功的祕訣時，她的答案簡潔而精闢：「我曾經犯了很多的錯誤，但也從錯誤中學會了許多。」這位國際超級巨星的成功祕訣，其實也是眾所周知的道理：吃一塹，長一智。從心理學角度講，每一次錯誤都會帶給人心理上的烙印，它甚至比取得一個成功更深刻。每一個人在成長過程中，都會犯一些應該犯的錯誤，比如孩子在學走路的時候，一定會摔跟斗，就是因為這些小錯誤才推動了我們不斷的成長。

《易經》明夷卦中說：「明夷，利艱貞。」意即由於光明磊落地做事而受到傷害和打擊，在這種艱難的時刻，依舊堅守正道才是有利的。這是告訴我們不要因為犯了點錯誤，受了一點挫折，就動搖自己的心志和操守，要學會讓自己在錯誤與挫折中得到成長。過去的成功是我們的財富，過去的錯誤也是我們的財富，我們要懂得從錯誤中汲取教訓，這樣才會一次比一次接近成功。愛迪生發明燈泡的時候，就是經過了無數次的失敗，才發明了造福人類的電燈。

馮曉榮在某外資企業做市場宣傳，在舉辦一次新品發布會時，她的邀請名單裡漏掉了一位相當重要的大客戶。自知闖了大禍的馮曉榮經過冥思苦想，最後選擇將錯就錯，加班加點專為這位客戶辦一場新品發布會。他還告訴那位大客戶，由於多年的合作，他們給本公司帶來了很大的收益，為了進一步加強與他們的合作，所以對他們單獨邀請，以方便他們訂貨。至於專場新品發布會的費用，馮曉榮準備自己承擔一半。

帶著這個方案，馮曉榮懷著忐忑不安的心情來到了老闆的辦公室，她欣喜地發現，老闆看完方案後臉色由惱怒轉為平靜。藉此機會，馮曉榮一字一頓地對老闆說：「我知道自己犯了相當嚴重的錯誤，真的很不起，請相信，我會汲取教訓，下回不會再犯了。」

馮曉榮透過第二次為客戶的新品發布會，不僅與這位客戶冰釋前嫌，而且還建立了更加親密的合作關係。上司也因此對她更加信任了。

在人的一生中，錯誤和失敗只是暫時的，我們要明白重要的是，我們以什麼樣的心態去處理，這才是將錯誤和失敗改寫為成功的關鍵。法國作家羅曼．羅蘭說：「感謝失敗，因為每次失敗都使我向成功靠近了一步。」錯誤和失敗並不可怕，可怕的是，每一次在我犯了錯誤後，並沒有從中尋找發現新的東西。和成功一樣，每個人出現錯誤導致失敗的具體原因，也不會完全相同。一個人只有仔細地反省自己，並勇於剖析在我們身上曾出現過的任何一種原因時，才能將錯誤和失敗轉化為成功。

一個人在從小到大的發展過程中，必定要經歷一些重要關口，摔幾個跤，犯幾次錯，錯誤幾乎像是我們的「終身伴侶」。但是對錯誤和失敗選擇什麼態度，決定了一個人可以從中獲得多大的成長與進步，也決定了他的未來有怎樣的發展。所有的錯誤和失敗都是幫我們認清事實的機會，也是幫我們學習、成長、進步的機會。這是因為我們知道，失敗所帶給我們的沮喪和難過的感覺會讓人不舒服，但是失敗也讓我們認識到了自己的錯誤或不足之處，讓我們意識到自己需要改變或提升，讓我們有意識地去尋找並發現改變的方法並付諸行動。如果一生都是順順利利的，沒有遇過挫折或難關，或許我們會以為自己所使用的方法已經是最好的，所走的已經是最正確的道路，因此很容易滿足現狀，反而不會有機會看清自己目前的一切。

成長，是一個不斷嘗試、歷經坎坷，最終變得智慧豁達起來的過程。只有經歷了錯誤和失敗的痛苦，才能真正體會到成功的歡樂；只有經歷了錯誤和失敗的考驗，才有做人的成熟！

往好的方面看問題——險以說，困而不失其所亨

困卦中說：「險以說，困而不失其所亨，其唯君子乎？」「說」通「悅」，樂觀的意思。以樂觀的態度，面對一切艱難險阻，即使遭遇不幸，也不能喪失自己的信念和理想。悲觀的心態，使人灰心喪氣；而樂觀的心態，使人充滿活力。

世界著名的勵志大師拿破崙．希爾說過：「一個人能否成功，關鍵在於他的心態是否積極。成功者遇到困難總是始終如一地保持積極樂觀的心態。而失敗者則習慣以消極的心態去面對人生。」用那些悲觀的心態去看待事物，往往會使人灰心喪氣；而以樂觀的心態去對待一切，才能讓人充滿活力。美國社會心理學家、人格理論家馬斯洛說過：「心若改變，你的態度跟著改變；態度改變，你的習慣跟著改變；習慣改變，你的性格跟著改變；性格改變，你的人生跟著改變。」

很多人在工作或生活中遇到不如意的事情時，往往想不開，總覺得自己是天底下最不幸的人。其實，事情並不完全是這樣，也許這次失敗在某方面是不幸的，但在其他方面依然是很幸運的，凡事都要選擇往好的方向想。請記住一句哲理：「我在遇到沒有雙足的人之前，一直為自己沒有鞋而感

到不幸。」

有一個年輕人，在服兵役時被選為最艱苦的兵種——海軍陸戰隊。年輕人為此整日憂心忡忡，擔心自己吃不了這個苦，擔心自己會在戰鬥中丟掉性命。他的父親見到兒子這副模樣，決定好好開導他一下。

父親：「兒子啊！沒有什麼好擔心的。進了海軍陸戰隊，還有兩個機會，一個是內勤職務，另一個是外勤職務。如果你被派到內勤單位，又有什麼好擔心的呢！」

兒子問道：「那要是被派到外勤單位呢？」

父親：「那還有兩個機會，一個是留駐本島，另一個是派到外島。如果你留駐在本島，也沒有什麼擔心呀！」

兒子又問：「那要是被派到外島呢？」

父親：「那你還是有兩個機會可以選擇，一個是後方，另一個前線。如果你留在後方，不也是很輕鬆嘛！」

兒子再問：「那我要是被派到前線去呢？」

父親：「那還是有兩個機會，一個是當一個衛兵，站站崗，平安退伍；另一個是會遇上意外。如果能平安退伍，你又怕什麼呢！」

兒子問：「那要是遇上意外了呢？」

父親：「那仍然有兩個機會啊！一個是受輕傷，送回本島；另一個是受重傷，可能不治而亡。如果受了輕傷，送回本島，你也不用擔心啊！」

兒子最害怕的問題來了，他顫聲問：「那……要是遇上後者呢？」

父親大笑：「你人都死了，還有什麼好擔心的？那時候擔心的應該是我了！」

經過和父親的一番交談，年輕人覺得父親說得很有道理，於是高高興興的參軍去了。

在前進的道路上，任何人都不可能總是一帆風順，必有波折和坎坷。困卦中說：「險以說，困而不失其所亨，其唯君子乎？」「說」通「悅」，樂觀的意思。以樂觀的態度，面對一切艱難險阻，即使遭遇不幸，也不能喪失自己的信念和理想，這是一個現代人必備的素質。英國著名作家薩克萊曾有句名言：「生活是一面鏡子，你對它笑，它就對你笑；你對它哭，它也對你哭。」如果我們有豁達、樂觀的心態，我們就能夠看到生活到處都有光明，即便在漆黑的夜晚，我們也知道天空還有星星在閃爍。是要開心快樂地生活，還是垂頭喪氣地抱怨，很大程度上取決於我們自己的選擇。

有一家企業的老闆約翰，他的心情總是很好，任何時候都非常樂觀，因為他總是去看事物好的一面。每當有人問他近況如何時，得到的回答都是：「我快樂無比。」他說：「每天早上，我一醒來就對自己說，你今天有兩種選擇，你可以選擇心情愉快，當然你也可以選擇糟糕的心情，我當然會選擇心情愉快了。每次遇到挫折，我可以選擇退縮，也可以選擇從中學些東西，我選擇後者。人生就是選擇，你要學會選擇如何去面對各種處境。」

一天，他遭到兩個持刀歹徒的搶劫，其中有一把刀插入了他的腹部。幸運的是發現較早，他被送進了急診室。經過十二個小時的搶救和幾個星期的精心治療，約翰出院了。

半年後，他的一位朋友見到了他。朋友問他近況如何，他說：「我快樂無比。想不想看看我的刀疤？」他朋友看了傷疤，然後好奇地問在那個時刻他想了些什麼。他答道：「當我躺倒在地的時候，那一刻什麼也沒來得及想，我就對自己說：聽著，你只有兩個選擇：一是死，一是活。我選擇了活。醫護人員都安慰我說我狀況很好，他們告訴我，我會好的。但在他們把我推進手術室後，我從他們的眼神中讀到了『這個人已經不行了』的資訊。我知道我需要採取一些行動。」

「你採取了什麼行動？」他朋友問。

他說：「有個護士大聲問我對什麼東西過敏。我馬上答『有的』。這時，所有的醫生、護士都停下來等我說下去。我深深吸了一口氣，看了看這些醫務人員，然後大聲吼道：『刀片！』在一片大笑聲中，我又說道：『請把我當活人來醫，而不是死人。』」

他就這樣活下來了。

一個樂觀者在面對不幸的時候，往往不看事物消極的一面，只取積極的一面。如果摔了一跤，把手摔出血了，他會想：「真萬幸，多虧沒把胳膊摔斷。」如果遭遇車禍，而失去了一條腿，他會說：「呵呵，我大難不死必有後福。」法國已故總統龐畢度曾說過：「人在一生中有時候只能聽從命運的支配。」客觀地說，世界上有許多事是可以透過個人主觀努力加以改變的，但同時，也有許多事情人們無能為力，面對不能更改的客觀環境的困境，超脫和豁達、樂觀就不失為一個有用的方法。

古希臘有位哲學家叫艾皮克蒂塔，他曾經有句名言：「一個人的快樂與幸福，不是來自於依賴，而是來自對外界運行規律的追求。」禍兮福所倚，福兮禍所伏。在我們遭遇不幸的時候，我們務必選擇樂觀的心態，絕不能讓悲觀的心態所俘虜。外面的世界我們左右不了，但是，我們還可以選擇自己的心態。把握住了自己的心態，也就擁有了一個美麗而安寧的精神世界。

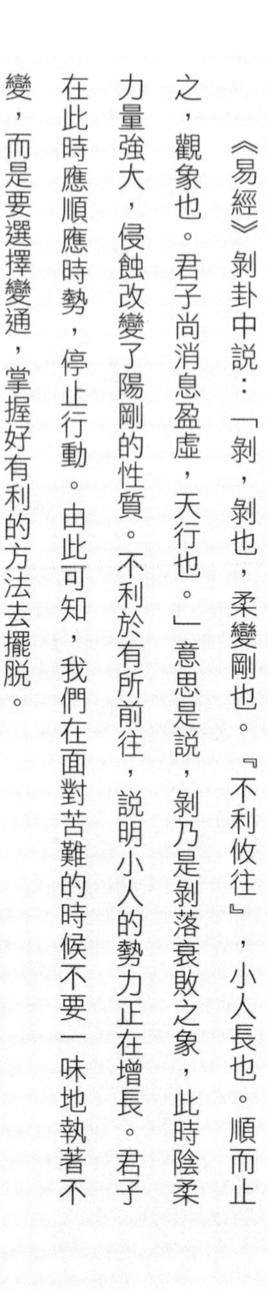

放棄固執，選擇變通——

剝，剝也，柔變剛也

贏在選擇

《易經》剝卦中說：「剝，剝也，柔變剛也。『不利攸往』，小人長也。順而止之，觀象也。君子尚消息盈虛，天行也。」意思是說，剝乃是剝落衰敗之象，此時陰柔力量強大，侵蝕改變了陽剛的性質。不利於有所前往，說明小人的勢力正在增長。君子在此時應順應時勢，停止行動。由此可知，我們在面對苦難的時候不要一味地執著不變，而是要選擇變通，掌握好有利的方法去擺脫。

《伊索寓言》中有這樣一則故事：一隻蝙蝠不小心掉到了地上，結果被黃鼠狼逮到，並且想吃掉牠。蝙蝠見有性命之憂，便大叫饒命，黃鼠狼說我本可以饒你，但是我生平最恨的就是鳥了，你是一隻鳥，所以不能饒你。蝙蝠為了保住自己的性命，力辯自己不是鳥，而只是一隻老鼠，最後黃鼠狼放了牠；不久，牠又不小心掉到了地上，這次卻被另一隻恨老鼠的黃鼠狼逮到，這次蝙蝠便力辯自己是一隻鳥，不是老鼠，最後又逃掉了一命。

可見，遇到不同的情況，要選擇不同的方法來對付。如果只固執於一種方法，不懂得變通，那就有可能陷入走不出的困境。《易經》中說：「在天成象，在地成形，變化足矣。」天地間沒有不變的事情，萬事萬物，時刻都在變化，變是「天道」的法則，是事物發展的客觀規律。一個人要想有所成就，想成其所事，必須順守天道，順其自然，尊重現實，實事求是，以變應變。若自以為是、不知天高地厚地一味偏激和固執，明知其不可為而強為，只能為自己增添無盡的煩惱和痛苦，帶來無窮的失敗和災難。

有很多時候，我們會發現一些「悲情人物」。這些悲情人物普遍有一個共同的特點，那就是他們雖然也不愚笨，卻常常陷入某一個絕對沒有好處的事情中不能自拔。俗話說「當局者迷，旁觀者清」，這些人往往聽不進他人的勸說，並且一味地執迷不悟，這些人甚至為自己找出很多幼稚的理由來欺騙自己。當有一天，他受盡了折磨，終於找尋到解脫的時候，才會幡然醒悟而追悔莫及。梁啟超說：「變則通，通則久。」聰明人做事都懂得選擇變通，放棄無意義的固執，所以能做到進退自如。要想成為一個聰明人，就要學會分析形勢，權宜機變，不能墨守陳規，固執己見。

《易經》剝卦中說：「剝，剝也，柔變剛也。『不利攸往』，小人長也。順而止之，觀象也。君子尚消息盈虛，天行也。」意思是說，剝乃是剝落衰敗之象，此時陰柔力量強大，侵蝕改變了陽剛的性質。不利於有所前往，說明小人的勢力正在增長。君子在此時應順應時勢，停止行動，從觀察卦象便知此理。君子應注重事物消亡生息、盈盛虧虛的變化，這些都是大自然的運行法則。由此可知，我們在遭遇困境之時不要選擇執著不變，而是要學會變通的原則，掌握好有利的方法去擺脫。

劉邦手下有名的謀士陳平，在當初投奔劉邦的時候，曾發生過一宗險事。

當年陳平冒著殺頭危險，偷渡黃河去投奔漢王劉邦，他急急忙忙趕到河邊，悄悄叫來一艘渡船。這艘渡船上有四、五個粗蠻大漢，而且臉露兇相。陳平立即覺察到上這艘船有些不妙，但又沒別的去路。而且還擔心楚兵會很快追趕上來，只好上了船再說。

船離岸以後，陳平發現船上這幾個人竊竊私語，相互遞著眼色，流露出不懷好意的舉動。

「好像是個當官的，偷跑出來的。」

「估計他身上一定有不少值錢的東西，嘿嘿。」

坐在艙內的陳平雖然很緊張，但是他故作鎮靜，可是當他聽到船尾兩個人這樣低聲議論並發出陰險的笑聲時，心裡也禁不住有些害怕。心想：「看來他們想謀財害命！可是我身上並沒有什麼財物和珍寶，我只有一個人，肯定敵不過他們。怎麼辦呢？」

這時船已到了河中央，速度明顯地減緩了。「他們要下手了，如何是好？」情急之下，陳平想出了一條計策。他馬上走出船艙說：「艙內好悶熱啊！熱得我都快要出汗了。」陳平一邊說著話，一邊若無其事地脫掉上衣，放在船舷上，伸手幫他們搖船。

過了一會兒，他又說：「天氣悶熱，看來要下雨了。」說著，又脫下一件上衣。又過了一會兒，再脫下一件。最後，他索性脫光了上衣，赤著身子，幫他們搖船。

船上那幾個人，看見陳平身上並沒有什麼財物可圖，於是打消了謀害他的念頭，很快把船划到對岸了。

陳平在間不容髮緊張的瞬間想出了辦法，能夠隨機應變，聲色不露地就把危機消解於無形，讓人欽佩，不愧能成為劉邦手下的一大謀士。陳平在剛上船時，就已經預測到渡船者要對自己不利，正當危險進一步迫近時，他並沒有固執地選擇與歹徒硬拼，而是選擇了智取。陳平知道，渡船者的意圖在於錢財，所以，他料到只要讓他們知道自己並無錢財，便可無性命之憂，於是便用脫衣的方法間接地告訴了渡船者自己是身無分文，進而解除了他們的謀財之心，最終化險為夷。

那麼，我們如何調整自己的固執心理呢？

1．學會接受新事物

固執的人，一般都是思維狹隘、不喜歡接受新事物，對未曾經歷過的東西感到擔心。因此，我們一定要養成渴求新知識，樂於接觸新事物，並學習其精華之處的習慣。

2．加強自我調控

固執之人要竭力克制自己的抵觸情緒，以及無禮的言行，學會轉化感情，以調整心理的不適。要主動承認自身的錯誤，不頑固地堅持自己的觀點。

3．克服虛榮心

人無完人，每個人都會有缺點和錯誤，這用不著掩飾。我們應該以真誠的態度來對待生活，要樹立遠大的目標和崇高的理想。不要誇誇其談、不懂裝懂，要把精力引向事業，使虛榮心這種變態

「能量」得到轉化，達到心理平衡。

4．讀一些好書

法國數學家和哲學家笛卡兒說過：「讀一些好書，就是和許多高尚的人談話。」經常閱讀那些偉大人物的傳記，能使固執的心得到心靈上的慰藉。豐富的知識能使人變得更加聰慧，能使人的思想變得更加開闊，進而使人脫離於教條的陳規陋習。

個人的修養、平時所接觸的對象，也是使一個人變得固執的重要因素。經常與個人修養好、靈活性強或虛心隨和的人接觸，往往會改變或減弱一個人的固執程度；如果固執的人與固執的人過多接觸，會使雙方變得更加固執。

事事皆在變化中，變是宇宙萬物發展的規律。綜觀人情世故、人生百事，變則通，通則久。在社會上，與人交往，沒有固定的規則可以依循，也沒有不變的禮儀。所以，要學會根據事情的變化應變，根據事勢的變化應變，機智地處理問題。

從頭再來——傾否，先否後喜

贏在選擇

《易經》否卦中說：「傾否，先否後喜。」意思是說，此時已至閉塞黑暗的極點，必然傾覆，這種閉塞的極點不會長久。「否極泰來」這句名言就是從《易經》否卦中而來，是說事物總是物極必反、衰極必盛的，這是前人在告誡我們：天無絕人之路，處於低谷的人總是會有轉機的。只要努力就會迎來第二次騰飛的輝煌。

紐約市的一位中學老師，曾給他的學生上過一堂難忘的課。當時，這個班有很多學生總是會為過去的成績感到不安，他們總是在考完試後充滿了憂慮，擔心自己成績不好，以致影響了下一階段的學習。一天，這位老師在實驗室裡講課，他帶來了一瓶牛奶，把它放在了桌上，學生們都不明白老師要做什麼，只是靜靜地望著老師。老師忽然一巴掌把那瓶牛奶打翻在桌旁的水槽中，同時大聲喊了一聲：「不要為打翻的牛奶哭泣！」

然後，他叫同學們都來水槽前看一看：「我希望你們永遠記住這個道理，牛奶已經流光了，不論你怎麼後悔和抱怨，都沒有辦法再取裝回瓶中。我們現在所能做到的，就是把它忘記，然後注意下一件事。」

「不要為打翻的牛奶哭泣」，這句話蘊含的豐富深刻的哲理是說：過去就讓它成為過去，我們一定要重新開始，從頭再來。為過去的失敗哀傷、遺憾，除了勞心費神，分散精神，沒有一點益處。失敗不等於絕望，跌倒不等於人生的路已走到盡頭。莎士比亞說過一句話：「聰明人永遠不會坐在那裡為他們的損失而哀嘆，卻情願去尋找辦法來彌補他們的損失。」遭遇挫折與失敗，並不意味著我們比別人差，也並不意味著永遠不會成功，更不意味著我們到了人生的終點。因為，失敗的終點往往是成功起點。只要我們抱著從頭再來的理想，就一定會重新站立起來！

要想發揮一個人的潛能，並且能夠取得事業上的成功，那他必須勇於忘卻過去所遇到的種種不幸，重新開始新的生活。但在工作與生活中，我們卻經常可以看到，一些人遇到點挫折，便終日陷在無盡的自責、哀怨和悔恨之中。明知事情已經發生，無可挽救卻偏要去挽救；明知機會已經從身邊溜走，卻偏偏自我封閉陷入極度的痛苦中不能自拔。其實，人間有很多煩惱都是自己跟自己過不去！如果我們都把時間用在緬懷過去的錯誤中，整天生活在懊悔的海洋裡，無疑是一種嚴重的精神消耗，不僅失去了正午的太陽，而且將失去夜晚的群星。過去的事就讓它過去吧！不要為打翻的牛奶哭泣。我們要記住，以積極的態度來應付不幸之事會收到好的效果，只要我們汲取教訓，樹立信心，便可從頭再來。

艾柯卡，美國汽車業無與倫比的經營鉅子。由於其卓越的經營才能，他一度坐上了福特公司總裁的位置。然而，沒想到的是，福特卻出人意料地解除了艾柯卡的職務，因為艾柯卡在福特公司的聲望已經超越了福特二世，福特二世擔心自己的公司有一天改姓為「艾柯卡」。

在職務被解除後，艾柯卡毅然而果斷地離開了福特公司，他也因此步入了人生的最低谷。離開福特公司之後，多家世界著名企業都曾請他重新出山，但被艾柯卡婉言謝絕了。因為他心中有了一個目標：「從哪裡跌倒，就要從哪裡站起來！」

他最後選擇了美國第三大汽車公司——克萊斯勒公司，此時的克萊斯勒已經瀕臨倒閉。之所以要選擇這家快要倒閉的公司，是因為他要向福特二世和所有人證明，我艾柯卡的確是一代經營奇才！

接管克萊斯勒公司後，艾柯卡進行了大刀闊斧的改革。改革後，企業規模雖然小了，但卻更精幹了。艾柯卡根據市場需要，以最快的速度推出了新型車，進而逐漸與福特、通用三分天下，創造了一個與「哥倫布發現新大陸」同樣震驚美國的神話。

艾柯卡之所以創造出了這麼一個神話，完全是因為當年遭受福特解職後，面對逆境的思考使艾柯卡產生從頭再來的慾望，進而使事業進入第二個春天。英國詩人高德史密斯說：「我們最大的光榮，不在於一次也不失敗，而在於每次倒下都能夠站起來。」

《易經》否卦中說：「傾否，先否後喜。」意思是說，此時已至閉塞黑暗的極點，必然傾覆，這種閉塞的極點不會長久。「否極泰來」這句名言就是從《易經》否卦中而來，是說事物總是物極必反、衰極必盛的，這是前人在告誡我們：天無絕人之路，處於低谷的人總是會有轉機的。只要努力，就會迎來第二次騰飛的輝煌。

國家圖書館出版品預行編目資料

選擇／呂冠霖著.
——第一版——臺北市：知青頻道出版；
紅螞蟻圖書發行，2011.5
面　　公分——（Perusing；5）
ISBN 978-986-6276-77-4（平裝）

1.生活指導

177.2　　100008575

Perusing 05

選擇

作　　者／呂冠霖
美術構成／Chris' office
校　　對／周英嬌、楊安妮
發 行 人／賴秀珍
榮譽總監／張錦基
總 編 輯／何南輝
出　　版／知青頻道出版有限公司
發　　行／紅螞蟻圖書有限公司
地　　址／台北市內湖區舊宗路二段121巷28號4F
網　　站／www.e-redant.com
郵撥帳號／1604621-1　紅螞蟻圖書有限公司
電　　話／(02)2795-3656（代表號）
傳　　真／(02)2795-4100
登 記 證／局版北市業字第796號
港澳總經銷／和平圖書有限公司
地　　址／香港柴灣嘉業街12號百樂門大廈17F
電　　話／(852)2804-6687
法律顧問／許晏賓律師
印 刷 廠／鴻運彩色印刷有限公司
出版日期／2011年 5 月　第一版第一刷

定價 250 元　港幣 83 元

ISBN 978-986-6276-77-4　　**Printed in Taiwan**